사고력 마스터 시리즈

포켓몬스터 속담 도감

이 책의 구성

18개 타입별로 속담과 함께 다양한 포켓몬을 만나 보세요!

자세한 속담 뜻풀이는 물론 포켓몬에 대한 알찬 정보까지 쏙쏙 담았어요.

속담을 언제 쓰는지 쉽게 알려 줘요.

같이 알아 두면 좋은 속담이나 사자성어를 배울 수 있어요.

미로 찾기, 낱말 퍼즐 등 포켓몬과 함께 게임을 하며 재미있는 시간을 보내 보세요!

차 례

이 책의 구성 ························ 2

1장 노말타입 ···················· 5
길을 찾아라! ···················· 22

2장 불꽃타입 ···················· 23
다른 타입 포켓몬을 찾아라! ···· 34

3장 물타입 ······················· 35
다른 그림 찾기 ·················· 50

4장 풀타입 ······················· 51
어떤 포켓몬에 대한 설명일까요? ··· 66

5장 전기타입 ···················· 67
지금 보이는 포켓몬은 누구일까요? ··· 78

6장 얼음타입 ···················· 79
숨겨진 이름을 찾아라! ··········· 88

7장 격투타입 ···················· 89
실루엣을 찾아라! ················ 98

8장 독타입 ······················· 99
독타입 포켓몬은
모두 몇 마리일까요? ············ 110

9장 땅타입 ······················ 111
탕구리를 찾아서 ················ 124

10장 비행타입 ·················· 125
재미 콕콕! 낱말 퍼즐 ··········· 138

11장 에스퍼타입 ················ 139
규칙을 완성하라! ··············· 152

12장 벌레타입 ·················· 153
알쏭달쏭 OX 퀴즈 ·············· 166

13장 바위타입 ·················· 167
이름을 완성해 줘! ·············· 180

14장 고스트타입 ················ 181
고스트타입 포켓몬을 찾아라! ··· 194

15장 드래곤타입 ················ 195
생각 쑥쑥 초성 퀴즈 ············ 206

16장 악타입 ···················· 207
포켓몬 도감 꼼꼼 체크! ········· 218

17장 강철타입 ·················· 219
규칙에 따라 길 찾기 ············ 230

18장 페어리타입 ················ 231
토게피와 함께 모험을 떠나요! ··· 240

정답 ···························· 242
속담 찾아보기 ··················· 244
사자성어 찾아보기 ··············· 247

1장 | 노말타입

재미있는 속담 쏙쏙

가는 말이 고와야 오는 말이 곱다

다른 사람에게 말과 행동을 친절하게 해야 상대방도 나에게 친절을 베푼다는 뜻이에요. 상대방에 대한 배려의 중요성을 강조하는 말이에요.

No. 0300
에나비
작은고양이포켓몬
타입:노말
키:0.6m 몸무게:11.0kg

에나비는 움직이는 것을 보면 따라가고 싶어해요. 자신의 꼬리를 쫓아 빙글빙글 돌기도 한답니다.

이렇게 써요!

자기가 먼저 기분 나쁜 말을 했으면서, 자기한테 왜 화를 내냐고 소리치는 친구에게…

"가는 말이 고와야 오는 말이 곱지!"

No. 0572
치라미
친칠라포켓몬
타입: 노말
키: 0.4m 몸무게: 5.8kg

 같이 알아 두면 좋은 말

가는 떡이 커야 오는 떡이 크다

뜻이 같은 속담이에요.
비슷한 속담으로 '가는 정이 있어야 오는 정이 있다'도 있어요.

No. 0039
푸린
풍선포켓몬
타입: 노말, 페어리
키: 0.5m 몸무게: 5.5kg

재미있는 속담 쏙쏙

소 잃고 외양간 고친다

소를 잃어버린 다음에 외양간을 고친다고 한들, 잃어버린 소가 다시 돌아오지는 않겠지요. 이미 일이 잘못된 뒤에는 후회해도 소용없다는 뜻이에요.

No. 0128
켄타로스
성난소포켓몬
타입: 노말
키: 1.4m 몸무게: 88.4kg

켄타로스는 목표를 정하면 자기 꼬리로 몸을 스스로 채찍질하면서 앞으로 돌진해요.

이렇게 써요!

학교에서 지우개를 잃어버리고
나서야 학용품에 이름을 쓰며…

"소 잃고 외양간 고치치 말고
미리 내 물건에 이름을 써 둘걸."

No. 0241
밀탱크
젖소포켓몬
타입: 노말
키: 1.2m 몸무게: 75.5kg

같이 알아 두면 좋은 말

한번 엎지른 물은
다시 주워 담지 못한다

쏟은 물을 주워 담기 무척 어려운 것처럼 한번 실수를 하면
되돌리기 어렵다는 뜻이에요.

No. 0327
얼루기
얼룩팬더포켓몬
타입: 노말
키: 1.1m 몸무게: 5.0kg

재미있는 속담 쏙쏙

입에 쓴 약이 병에는 좋다

약은 먹을 때는 쓰지만 병을 낫게 해 줘요.
이처럼 나에 대한 충고나 비판을 들을 때는 기분이
좋지 않더라도 이를 달게 받아들이면 도움이 된다는 뜻이에요.

No. 0659
파르빗
땅구멍파기포켓몬
타입:노말
키:0.4m 몸무게:5.0kg

귀로 구멍을 파는 것이 특기예요. 하루만에 지하 10m의 굴을 만들 수 있어요.

이렇게 써요!

학교에서 선생님께 꾸지람을
듣고 크게 풀이 죽어 있는
친구를 위로하며…

"힘내. 입에 쓴 약이 병에는 좋잖아.
선생님께서 해 주신 말씀,
나중에 꼭 도움이 될 거야."

No. 0108
내루미
핥기포켓몬
타입:노말
키:1.2m 몸무게:65.5kg

 같이 알아 두면 좋은 말

良 藥 苦 口

좋을 **양**   약 **약**   쓸 **고**   입 **구**

뜻이 비슷한 사자성어로, 좋은 약이 입에 쓰듯이 좋은 충고는
귀에 거슬린다는 말이에요.

No. 0446
먹고자
대식가포켓몬
타입:노말
키:0.6m 몸무게:105.0kg

재미있는 속담 쏙쏙

발 없는 말이 천 리 간다

천 리는 약 393km나 되는 먼 거리예요. 사람들끼리 주고받은 말은 멀리까지 쉽게 퍼지니 항상 말을 할 때는 신중하게 하라는 뜻이에요.

No. 0493
아르세우스
창조포켓몬
타입:노말
키:3.2m 몸무게:320.0kg

신화에 따르면 1,000개의 팔로 우주를 만들었다고 해요. 밝은 빛으로 포켓몬을 이끌고 수호해요.

이렇게 써요!

내 비밀을 다른 사람에게
소곤거리다가 들킨 친구에게…

"발 없는 말이 천 리를 가는 거야.
비밀이라고 했는데, 꼭 지켰어야지!"

No. 0293
소곤룡
속삭임포켓몬
타입:노말
키:0.6m 몸무게:16.3kg

 같이 알아 두면 좋은 말

말이 씨가 된다

무심코 한 말이 사실대로 될 수 있으니, 부정적인 말을 삼가고 말조심하라는 뜻이에요.

No. 0648
메로엣타(보이스폼)
선율포켓몬
타입:노말, 에스퍼
키:0.6m 몸무게:6.5kg

재미있는 속담 쏙쏙

서당 개 삼 년에 풍월을 읊는다

개도 서당에서 삼 년을 살면 글을 깨우친다는 뜻으로, 아무것도 몰랐던 사람이라도 한 분야에 오래 있으면 지식과 경험을 갖추게 된다는 말이에요.

No. 0506
요테리
강아지포켓몬
타입:노말
키:0.4m 몸무게:4.1kg

요테리는 용감하고 신중해요. 부드러운 털로 주변의 정보를 캐치하는 능력을 가졌어요.

이렇게 써요!

이모가 요리하는 것을 오래 지켜본 덕에 스스로 오므라이스를 만들 수 있게 되었을 때…

"서당 개 삼 년이면 풍월을 읊는다더니 이제 나 혼자서도 오므라이스를 만들 수 있어."

No. 0133
이브이
진화포켓몬
타입:노말
키:0.3m 몸무게:6.5kg

 같이 알아 두면 좋은 말

堂 狗 風 月
집 당 개 구 바람 풍 달 월

뜻이 같은 사자성어예요.
여기서 풍월은 얻어들은 짧은 지식을 말해요.

No. 0427
이어롤
토끼포켓몬
타입:노말
키:0.4m 몸무게:5.5kg

재미있는 속담 쏙쏙

작은 고추가 더 맵다

청양 고추는 다른 고추보다 크기는 작지만 훨씬 매워요. 이처럼 체격이 작은 사람이 오히려 재주가 더 뛰어날 때 쓰는 말이에요.

No. 0216
깜지곰
아기곰포켓몬
타입: 노말
키: 0.6m 몸무게: 8.8kg

벌집을 찾아내 손바닥으로 꿀을 퍼먹는 것을 좋아해요. 손바닥에 꿀이 잔뜩 배어들어 있어요.

이렇게 써요!

아무것도 할 줄 모른다고
생각했던 동생이 나보다 노래를
훨씬 잘할 때……

"작은 고추가 더 맵다더니!
정말 대단한데?"

No. 0298
루리리
물방울포켓몬
타입:노말, 페어리
키:0.2m 몸무게:2.0kg

같이 알아 두면 좋은 말

外 柔 內 剛
바깥 외   부드러울 유   안 내   굳셀 강

겉은 부드럽지만 속은 강하다는 뜻으로, 겉모습은 순하지만
마음은 굳세고 단단한 사람을 외유내강하다고 해요.

No. 0486
레지기가스
거대포켓몬
타입:노말
키:3.7m 몸무게:420.0kg

재미있는 속담 쏙쏙

백지장도 맞들면 낫다

아주 가벼운 흰 종이 한 장이라도 같이 들면 조금 더 가볍겠지요? 쉬운 일이라도 힘을 합쳐 같이 하면 훨씬 쉬워진다는 뜻이에요.

No. 0924
두리쥐
커플포켓몬
타입: 노말
키: 0.3m 몸무게: 1.8kg

두 마리가 언제나 함께 해요. 먹이를 발견하면 사이좋게 반으로 나누어 먹지요.

이렇게 써요!

무거운 장바구니를 혼자 들고 가시는 할머니를 도와드리며…

"할머니, 제가 같이 들어 드릴게요. 백지장도 맞들면 낫다고 하잖아요."

No. 0161
꼬리선
망보기포켓몬
타입:노말
키:0.8m 몸무게:6.0kg

 ## 같이 알아 두면 좋은 말

十 匙 一 飯

열 십 　숟가락 시 　한 일 　밥 반

밥 열 숟가락을 모으면 한 그릇이 된다는 뜻으로, 여러 사람이 조금씩 힘을 합치면 한 사람을 도울 수 있다는 말이에요.

No. 0052
나옹
요괴고양이포켓몬
타입:노말
키:0.4m 몸무게:4.2kg

재미있는 속담 쏙쏙

하늘이 무너져도 솟아날 구멍이 있다

하늘이 무너지더라도 빠져나갈 구멍이 있다는 말로, 아무리 어렵고 힘든 상황이 닥치더라도 그것을 해결할 수 있는 길은 반드시 있다는 뜻이에요.

No. 0831

우르

양포켓몬

타입:노말
키:0.6m 몸무게:6.0kg

우르는 곱슬곱슬하고 튼튼한 털 덕분에 높은 절벽에서 떨어져도 다치지 않아요.

이렇게 써요!

등산을 하다가 길을 잃었는데 누군가 나뭇가지에 손수건으로 길을 표시해 둔 것을 발견했을 때……

"하늘이 무너져도 솟아날 구멍이 있다더니, 정말 다행이야!"

No. 0132
메타몽
변신포켓몬
타입:노말
키:0.3m 몸무게:4.0kg

 같이 알아 두면 좋은 말

호랑이에게 물려 가도 정신만 차리면 산다

위험한 상황일수록 당황하지 말고 차분하게 생각하고 행동하라는 뜻이에요.

No. 0203
키링키
긴목포켓몬
타입:노말, 에스퍼
키:1.5m 몸무게:41.5kg

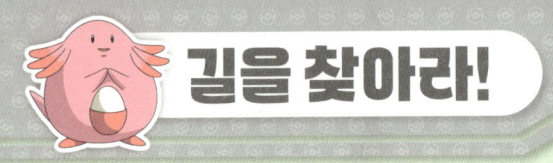

이브이가 메타몽을 만날 수 있게 길을 찾아 주세요.
이브이, 메타몽과 같은 타입 포켓몬을 따라가면 돼요.

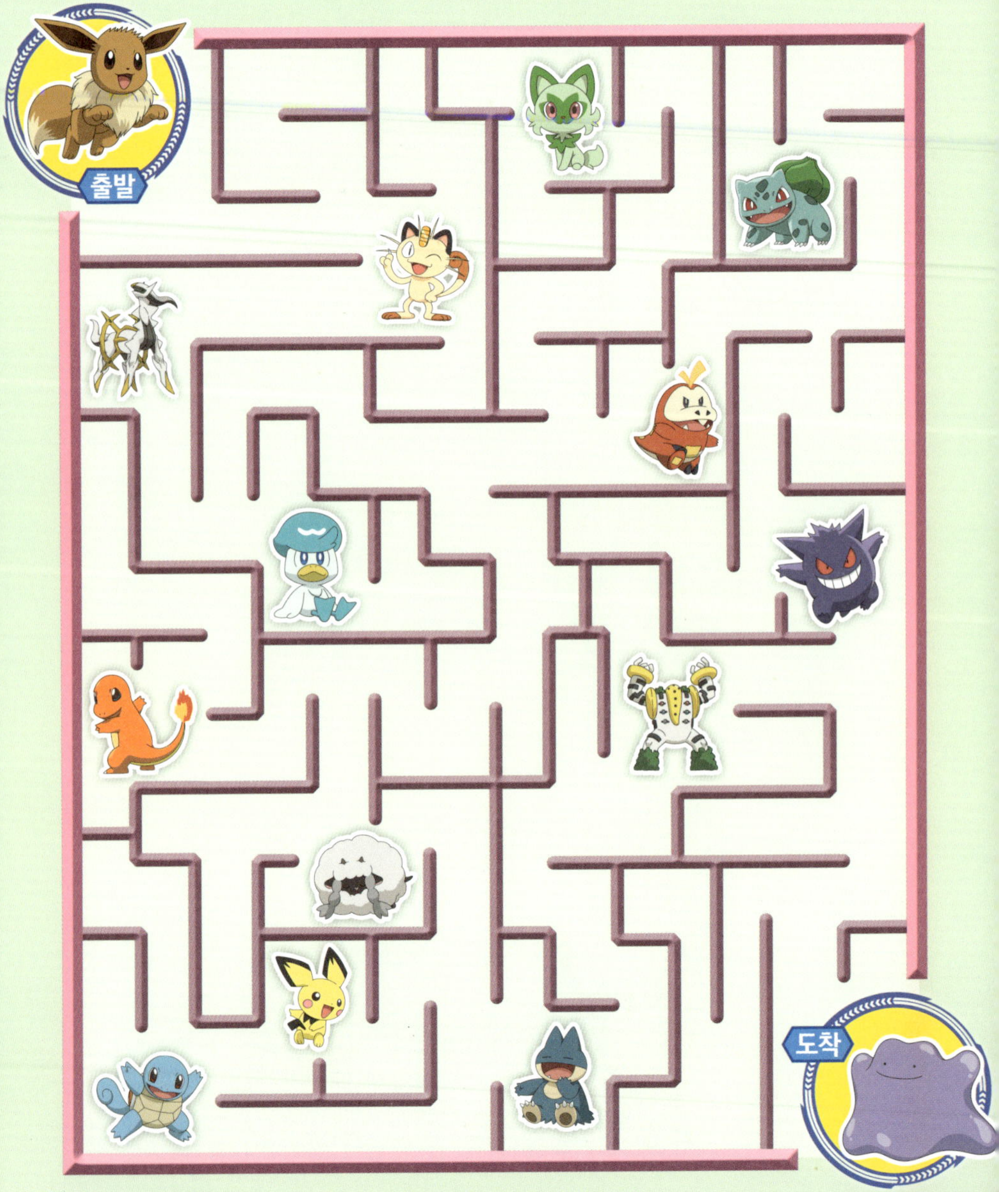

2장 | 🔥 불꽃타입

재미있는 속담 쏙쏙

등잔 밑이 어둡다

등잔불 바로 밑은 등잔과 등잔 받침 때문에 그림자가 생겨서 오히려 어두워요. 이처럼 무언가에 가까이 있는 사람이 오히려 그것에 대해 잘 모를 때 쓰는 말이에요.

No. 0909
뜨아거
불꽃악어포켓몬
타입: 불꽃
키: 0.4m **몸무게**: 9.8kg

따뜻한 바위 위에 누워 몸에 있는 네모난 비늘로 열을 흡수해 불꽃 에너지를 만들어요.

이렇게 써요!

지우개가 없어져서
한참을 찾았는데
내 바지 주머니에 있었을 때…

"내가 계속 갖고 있었네.
역시 등잔 밑이 어두워."

No. 0850
태우지네
발열포켓몬
타입: 불꽃, 벌레
키: 0.7m **몸무게**: 1.0kg

같이 알아 두면 좋은 말

업은 아이 삼 년 찾는다

뜻이 비슷한 속담으로, 무언가가 가까이 있다는 것을
까맣게 잊고 엉뚱한 데에서 그것을 찾아 헤맬 때 쓰는 말이에요.

No. 0741
춤추새(이글이글스타일)
댄스포켓몬
타입: 불꽃, 비행
키: 0.6m **몸무게**: 3.4kg

재미있는 속담 쏙쏙

바람 앞의 등불

등불에 바람이 불면 불이 언제 꺼질지 몰라요.
이처럼 아슬아슬하고 위태로운 처지일 때 쓰는 말이에요.

No. 0813
염버니
토끼포켓몬
타입:불꽃
키:0.3m 몸무게:4.5kg

준비 운동을 해서 몸을 데워야 힘을 발휘할 수 있어요. 발의 볼록살에는 불꽃 에너지가 집중돼요.

이렇게 써요!

학교 대항 피구 대회에 나갔는데
한 번만 더 지면 예선 탈락일 때…

"이제 우리는 바람 앞의 등불이야.
이번 경기는 꼭 이기자!"

No. 0058
가디
강아지포켓몬
타입: 불꽃
키: 0.7m **몸무게**: 19.0kg

같이 알아 두면 좋은 말

風 前 燈 火

바람 **풍**　앞 **전**　등불 **등**　불 **화**

뜻이 같은 사자성어예요. 전쟁 등으로 나라에 위기가 닥쳤을 때
"나라의 운명이 풍전등화와 같다."라고 말해요.

No. 0725
냐오불
불고양이포켓몬
타입: 불꽃
키: 0.4m **몸무게**: 4.3kg

재미있는 속담 쏙쏙

불난 집에 부채질한다

불이 난 곳에 부채질을 하면 불이 더 거세질 거예요. 이처럼 곤란한 일을 겪는 사람을 도와주기는커녕 더 힘들게 만들 때 쓰는 말이에요.

No. 0004
파이리
도롱뇽포켓몬
타입: 불꽃
키: 0.6m **몸무게**: 8.5kg

꼬리의 불꽃은 파이리의 생명력을 나타내요. 기운이 빠지면 꼬리의 불꽃도 약해져요.

이렇게 써요!

떨어진 연필을 줍다가
바지가 찢어진 나를 보며
웃기만 하는 친구에게…

"불난 집에 부채질하니?
웃지 말고 바지 가릴 것 좀 찾아 줘!"

No. 0255
아차모
풋내기포켓몬
타입:불꽃
키:0.4m 몸무게:2.5kg

같이 알아 두면 좋은 말

雪 上 加 霜
눈 설 윗 상 더할 가 서리 상

눈 위에 서리가 쌓인다는 뜻으로,
안 좋은 일이 잇따라 일어난다는 뜻이에요.

No. 0935
카르본
불의아이포켓몬
타입:불꽃
키:0.6m 몸무게:10.5kg

재미있는 속담 쏙쏙

아니 땐 굴뚝에 연기 날까

아궁이에 불을 때면 뜨거운 공기가 집안을 데우고 굴뚝으로 빠져나가요. 불을 때지 않으면 연기가 날 일이 없다는 말로, 모든 일에는 원인이 있다는 뜻이에요.

No. 0390
불꽃숭이
꼬마원숭이포켓몬
타입: 불꽃
키: 0.5m 몸무게: 6.2kg

몸놀림이 가볍고 활기가 넘쳐요. 잠을 잘 때는 주변에 불이 옮겨 붙지 않도록 꼬리의 불꽃을 꺼요.

이렇게 써요!

학교에서 돌던 어떤 소문이
사실임이 밝혀졌을 때…

"아니 땐 굴뚝에 연기 날까라더니
정말이구나."

No. 0037
식스테일
여우포켓몬
타입 : 불꽃
키 : 0.6m 몸무게 : 9.9kg

같이 알아 두면 좋은 말

뿌리 없는 나무에 잎이 필까

뜻이 같은 속담이에요.
비슷한 속담으로 '아니 때린 장구 북소리 날까'도 있어요.

No. 0653
푸호꼬
여우포켓몬
타입 : 불꽃
키 : 0.4m 몸무게 : 9.4kg

재미있는 속담 쏙쏙

콩 볶아 먹다가
가마솥 터뜨린다

작은 콩을 볶아 먹으려다가 값비싼 가마솥을 망가뜨린다는 뜻으로, 작은 이득을 얻으려다가 큰 해를 입었을 때 쓰는 말이에요.

No. 0155
브케인
불쥐포켓몬
타입: 불꽃
키: 0.5m 몸무게: 7.9kg

성격이 소심해서 평소에 몸을 웅크리고 있어요. 그러다 화가 나면 등에서 강력한 불꽃을 뿜어내요.

이렇게 써요!

숨바꼭질을 하는데 들키지 않으려고 위험한 곳에 자꾸 숨는 친구에게…

"노는 것보다 안전한 게 중요해. 콩 볶아 먹다가 가마솥 터뜨릴 수 있다고."

No. 0498
뚜꾸리
불돼지포켓몬
타입: 불꽃
키: 0.5m 몸무게: 9.9kg

같이 알아 두면 좋은 말

私利私慾

사사로울 **사**   이익 **리**   사사로울 **사**   욕심 **욕**

사사로운 이익과 욕심이라는 뜻으로, 자신의 이익만을 생각하는 이기적인 모습을 묘사할 때 주로 쓰여요.

No. 0077
포니타
불의말포켓몬
타입: 불꽃
키: 1.0m 몸무게: 30.0kg

33

다른 타입 포켓몬을 찾아라!

불꽃타입 포켓몬끼리 모둠을 지으려고 해요. 타입이 다른 포켓몬을 찾아 ○ 하세요.

A모둠

B모둠

C모둠

3장  물타입

재미있는 속담 쏙쏙

밑 빠진 독에 물 붓기

아무리 물을 부어도 밑이 깨져 있는 독에는 물을 가득 채울 수 없어요. 이처럼 오랜 시간 노력해도 보람 없이 헛된 일이 되는 상태를 뜻하는 말이에요.

No. 0912
꾸왁스
꼬마오리포켓몬
타입: 물
키: 0.5m 몸무게: 6.1kg

튼튼한 다리로 거친 강에서도 헤엄칠 수 있어요. 날개에서 물과 먼지를 튕겨 내는 젤을 분비해요.

이렇게 써요!

풍선에 구멍이 난 줄 모르고 계속 바람을 불어 넣다가…

"세상에, 이건 완전 밑 빠진 독에 물 붓기였잖아!"

No. 0816
울머기
물도마뱀포켓몬
타입: 물
키: 0.3m 몸무게: 4.0kg

같이 알아 두면 좋은 말

萬事休矣

일만 **만**   일 **사**   쉴 **휴**   어조사 **의**

모든 일이 끝났다는 뜻으로, 지금까지 한 일이 헛수고가 되었다는 뜻이에요.

No. 0382
가이오가
해저포켓몬
타입: 물
키: 4.5m 몸무게: 352.0kg

재미있는 속담 쏙쏙

개구리 올챙이 적 생각 못 한다

형편이 과거보다 많이 나아진 사람이
힘들었던 지난 일을 잊고
처음부터 잘났던 것처럼 으스대는 모습을 말해요.

No. 0656
개구마르
거품개구리포켓몬
타입:물
키:0.3m 몸무게:7.0kg

빠른 스피드와 뛰어난 점프력으로 적을 압도하고, 끈적한 거품을 던져 공격해요.

이렇게 써요!

스케이트보드장에서
초보자를 보며 비웃는 친구에게…

"너도 초보 때는 저랬어.
개구리 올챙이 적 생각 못 하는구나."

No. 0060
발챙이
올챙이포켓몬
타입:물
키:0.6m 몸무게:12.4kg

 같이 알아 두면 좋은 말

傲 慢 放 恣

거만할 오   거만할 만   놓을 방   방자할 자

오만하고 방자하다는 뜻으로, 다른 사람을 업신여기고 건방지게
행동한다는 뜻이에요.

No. 0484
펄기아
공간포켓몬
타입:물, 드래곤
키:4.2m 몸무게:336.0kg

재미있는 속담 쏙쏙

윗물이 맑아야 아랫물이 맑다

물은 위에서 아래로 흐르기 때문에 윗물이 더러우면 아랫물도 더러워져요. 이처럼 윗사람이 잘해야 아랫사람도 따라서 잘한다는 뜻이에요.

No. 0007
꼬부기
꼬마거북포켓몬

타입: 물
키: 0.5m 몸무게: 9.0kg

입에서 강력한 물줄기를 발사해 적을 공격해요. 위험할 때는 단단한 등껍질 안에 몸을 숨겨요.

이렇게 써요!

친구가 학교 앞 길가에
침을 뱉을 때…

"윗물이 맑아야 아랫물이 맑다고
하잖아. 이러면 후배들이
뭘 보고 배우겠어?"

No. 0195
누오
수어포켓몬
타입: 물, 땅
키: 1.4m 몸무게: 75.0kg

같이 알아 두면 좋은 말

率 先 垂 範

지킬 솔   먼저 선   드리울 수   법 범

남보다 앞장서서 도리를 지킴으로써
다른 사람의 본보기가 된다는 뜻이에요.

No. 0258
물짱이
늪물고기포켓몬
타입: 물
키: 0.4m 몸무게: 7.6kg

재미있는 속담 쏙쏙

가재는 게 편

가재와 게는 등딱지가 있고 집게발이 달려 있는 등 생김새가 제법 비슷해요. 이처럼 모양이나 형편이 비슷한 사람끼리 서로 돕거나 편을 들어 준다는 뜻이에요.

No. 0341
가재군
건달포켓몬
타입: 물
키: 0.6m 몸무게: 11.5kg

생명력이 강해 더러운 물에서도 적응해서 잘 살아가요. 날카로운 집게로는 먹이를 꽉 잡을 수 있어요.

이렇게 써요!

평소에 동생과 자주 다투던 친구가 동생을 괴롭힌 아이들을 혼내는 것을 보았을 때…

"역시 가재는 게 편이구나."

No. 0098
크랩
게포켓몬
타입: 물
키: 0.4m 몸무게: 6.5kg

 같이 알아 두면 좋은 말

팔이 안으로 굽지 밖으로 굽나

뜻이 비슷한 속담으로,
사람은 자신과 친하거나 가까운 사람에게 마음이 더 간다는 뜻이에요.

No. 0245
스이쿤
오로라포켓몬
타입: 물
키: 2.0m 몸무게: 187.0kg

재미있는 속담 쏙쏙

사공이 많으면 배가 산으로 간다

배를 부리는 사람을 사공이라고 해요. 사공 여러 명이 자기 뜻대로 배를 몰려고 하면 배가 엉뚱한 곳에 간다는 말로, 어떤 일에 간섭하는 사람이 많으면 일이 꼬일 수 있다는 뜻이에요.

No. 0393
팽도리
펭귄포켓몬
타입: 물
키: 0.4m 몸무게: 5.2kg

수영은 잘 하지만 걷는 것이 서툴러요. 자존심이 강해 사람들에게 신세 지는 것을 싫어해요.

이렇게 써요!

친구들과 간식으로 뭘 먹을지 정하는데 저마다 먹고 싶은 게 달라 결정을 내리지 못할 때…

"사공이 많으니 배가 산으로 가네. 이러다 날 새겠다."

No. 0079
야돈
얼간이포켓몬
타입:물, 에스퍼
키:1.2m 몸무게:36.0kg

 같이 알아 두면 좋은 말

衆 口 難 防

무리 중   입 구   어려울 난   막을 방

여러 사람의 입을 막는 것은 어렵다는 뜻으로,
막기 어려울 정도로 여러 명이 마구 떠드는 것을 이르는 말이에요.

No. 0194
우파
수어포켓몬
타입:물, 땅
키:0.4m 몸무게:8.5kg

재미있는 속담 쏙쏙

고래 싸움에 새우 등 터진다

고래처럼 몸집이 크거나 강한 사람들끼리 싸울 때 새우처럼 작고 약한 사람이 중간에 끼어서 괜히 피해를 볼 때 쓰는 말이에요.

No. 0320
고래왕자
둥근고래포켓몬
타입: 물
키: 2.0m 몸무게: 130.0kg

평소에는 바다에서 살다가, 날씨가 맑을 때는 모래 해변에서 몸을 공처럼 튀면서 놀기도 해요.

이렇게 써요!

형들끼리 싸워서 내가 자리를 피하다가 넘어져 다치고 말았을 때…

"고래 싸움에 새우 등 터졌네."

No. 0692
완철포
물대포포켓몬
타입:물
키:0.5m 몸무게:8.3kg

같이 알아 두면 좋은 말

鯨 戰 蝦 死

고래 경   싸움 전   새우 하   죽을 사

뜻이 같은 사자성어예요. 강대국들끼리 다투는 바람에 작은 나라들이 피해를 보는 상황을 설명할 때 많이 쓰여요.

No. 0131
라프라스
탈것포켓몬
타입:물
키:2.5m 몸무게:220.0kg

재미있는 속담 쏙쏙

열 길 물속은 알아도
한 길 사람의 속은 모른다

길은 높이나 길이를 잴 때 쓰는 단위로 열 길은 약 24미터나 돼요. 깊은 물속은 알 수 있지만 사람 마음속은 좀처럼 알기 어렵다는 뜻이에요.

No. 0158
리아코
큰턱포켓몬
타입:물
키:0.6m 몸무게:9.5kg

눈앞에 있는 것은 모조리 물어뜯어요. 강력한 턱으로 무엇이든 깨물어 부술 수 있어요.

이렇게 써요!

도대체 무슨 이유로 친구가
화가 났는지 알 수 없어서
괴로워하며…

"왜 화가 난 걸까?
열 길 물속은 알아도 한 길
사람 속은 모른다더니…"

No. 0054
고라파덕
오리포켓몬
타입:물
키:0.8m 몸무게:19.6kg

 같이 알아 두면 좋은 말

사람 속은 천 길 물속이라

비슷한 뜻의 속담으로, 사람 마음은 아주 깊은 물속처럼
알기가 어렵다는 말이에요.

No. 0728
누리공
강치포켓몬
타입:물
키:0.4m 몸무게:7.5kg

다른 그림 찾기

A그림과 B그림을 잘 비교해 보고, 다른 부분을 3군데 찾아보세요.

4장 | 풀타입

재미있는 속담 쏙쏙

될성부른 나무는 떡잎부터 알아본다

크게 자랄 나무는 떡잎부터 티가 난다는 뜻으로, 잘 될 사람은 어릴 때부터 남다르다는 말이에요. 시작부터 일이 잘 풀리면 좋은 결과를 얻는다는 말로도 쓰여요.

No. 0152
치코리타
잎사귀포켓몬
타입: 풀
키: 0.9m 몸무게: 6.4kg

좋은 향기가 나는 머리의 잎사귀로 주위의 습도와 온도를 잴 수 있어요. 햇볕 쬐는 것을 좋아해요.

이렇게 써요!

유명한 화가가 어린 시절에
그린 그림을 보고 감탄하며…

"역시 훌륭해요. 될성부른 나무는
떡잎부터 알아본다니까요."

No. 0492
쉐이미(랜드폼)
감사포켓몬
타입: 풀
키: 0.2m 몸무게: 2.1kg

 같이 알아 두면 좋은 말

前 途 有 望

앞 전   길 도   있을 유   바랄 망

앞으로 갈 길에 잘될 희망이 있다는 뜻으로,
장래가 기대되는 일이나 사람에게 전도유망하다고 말해요.

No. 0951
캡싸이
하바네로포켓몬
타입: 풀
키: 0.3m 몸무게: 3.0kg

재미있는 속담 쏙쏙

오르지 못할 나무는 쳐다보지도 마라

오를 수 없는 나무에 오르려고 했다가는 크게 다칠 수 있어요. 이처럼 자기 능력에 맞지 않아 해낼 수 없는 일이라면 욕심내지 말라는 뜻이에요.

No. 0103

나시(알로라의 모습)

야자열매포켓몬

타입: 풀, 드래곤
키: 10.9m **몸무게**: 415.6kg

알로라지방의 강한 햇살을 받아 숨겨진 힘이 깨어났어요. 긴 목을 채찍처럼 휘둘러 적을 공격해요.

이렇게 써요!

유치원생인 동생이 아빠와 팔씨름을 해서 자꾸 이기려고 안간힘을 쓸 때…

"아직은 안 돼. 오르지 못할 나무는 쳐다보지도 말라고 했어."

No. 0495
주리비얀
풀뱀포켓몬
타입:풀
키:0.6m 몸무게:8.1kg

 같이 알아 두면 좋은 말

고양이 목에 방울 달기

쥐들이 고양이 목에 방울을 달자고 해 놓고 무서워서 아무도 나서지 못했다는 일화에서 비롯된 속담이에요. 실행할 수 없는 헛된 논의를 뜻해요.

No. 0043
뚜벅쵸
잡초포켓몬
타입:풀, 독
키:0.5m 몸무게:5.4kg

재미있는 속담 쏙쏙

가랑잎이 솔잎더러 바스락거린다고 한다

가랑잎도 바스락 소리를 내면서, 솔잎에게 바스락거린다고 화를 낸다는 뜻이에요. 자기의 부족한 점은 모르고 남의 잘못만 나무랄 때 쓰는 말이에요.

No. 0001
이상해씨
씨앗포켓몬
타입: 풀, 독
키: 0.7m **몸무게**: 6.9kg

태어났을 때부터 등에 씨앗을 짊어지고 있어요. 몸이 성장하면서 씨앗도 함께 커져요.

이렇게 써요!

같은 팀 선수가 실력이 없어서 우리가 경기에서 졌다고 불평하는 친구에게…

"가랑잎이 솔잎더러 바스락거린다고 한다더니, 너도 실수했잖아."

No. 0829
꼬모카
꽃장식포켓몬
타입: 풀
키: 0.4m 몸무게: 2.2kg

 같이 알아 두면 좋은 말

똥 묻은 개가 겨 묻은 개 나무란다

뜻이 같은 속담으로, 여기서 겨는 곡식의 껍질을 말해요.
비슷한 속담으로 '하청 기둥이 측간 기둥 흉본다'도 있어요.

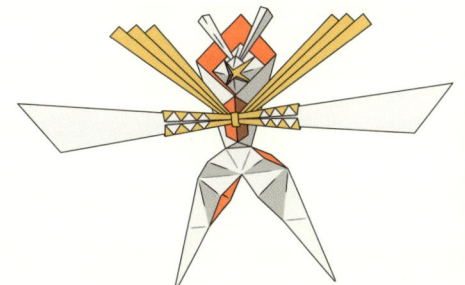

No. 0798
종이신도
발도포켓몬
타입: 풀, 강철
키: 0.3m 몸무게: 0.1kg

재미있는 속담 쏙쏙

가지 많은 나무에 바람 잘 날이 없다

나무에 가지가 많으면 바람에 더 잘 흔들리는 것처럼 자식을 많이 둔 사람은 걱정이 더 많다는 뜻이에요.

No. 0387
모부기
어린잎포켓몬
타입: 풀
키: 0.4m 몸무게: 10.2kg

흙으로 만들어진 등껍질은 건강할 때 적당히 젖어 있어요. 전신으로 광합성을 할 수 있어요.

이렇게 써요!

이모네 집에 놀러갔는데 이모가 어린 사촌 동생 돌보랴, 말싸움하는 사촌 형과 누나 말리랴 바쁘실 때…

"가지 많은 나무에 바람 잘 날 없다더니 이모 정말 정신없으시겠다."

No. 0102
아라리
알포켓몬
타입: 풀, 에스퍼
키: 0.4m 몸무게: 2.5kg

 같이 알아 두면 좋은 말

새끼 많이 둔 소 길마 벗을 날 없다

길마는 수레를 끌기 위해 소 등에 얹는 기구예요. 자식이 많은 부모는 자식을 위해 쉴 새 없이 고생한다는 뜻이에요.

No. 0315
로젤리아
가시포켓몬
타입: 풀, 독
키: 0.3m 몸무게: 2.0kg

재미있는 속담 쏙쏙

벼 이삭은 익을수록 고개를 숙인다

벼는 익을수록 이삭의 무게가 무거워져서 아래쪽으로 휘어요. 익을수록 고개를 숙이는 벼처럼, 품위가 있는 사람이 오히려 겸손하다는 뜻이에요.

No. 0906
나오하
풀고양이포켓몬
타입: 풀
키: 0.4m **몸무게**: 4.1kg

복슬복슬한 털은 식물과 비슷한 성분으로 이루어져 있어요. 몸에서는 달콤한 향기가 나요.

이렇게 써요!

상을 받은 배우가 자기를 내세우기보다 주변 사람들에게 감사하다고 하는 것을 보면서…

"벼는 익을수록 고개를 숙인다더니, 저 배우 참 멋있다!"

No. 0069
모다피
꽃포켓몬
타입: 풀, 독
키: 0.7m 몸무게: 4.0kg

같이 알아 두면 좋은 말

謙 讓 之 德

겸손할 겸   사양할 양   갈 지   덕 덕

겸손한 마음가짐으로 남에게 양보하는 아름다운 마음씨나 행동을 이르는 말이에요.

No. 0182
아르코
꽃포켓몬
타입: 풀
키: 0.4m 몸무게: 5.8kg

재미있는 속담 쏙쏙

열 번 찍어
아니 넘어가는 나무 없다

엄청 큰 나무라고 하더라도 여러 번 도끼질을 하면 쓰러지겠지요. 안 될 거라 생각했던 일도 여러 번 시도하면 결국 이루어진다는 뜻이에요.

No. 0722
나몰빼미
풀깃포켓몬
타입: 풀, 비행
키: 0.3m 몸무게: 1.5kg

소리 없이 날아서 적에게 빠르게 다가가요. 적이 눈치채기 전에 강렬한 발차기부터 퍼부어요.

이렇게 써요!

태권도 검은 띠 승급 심사에서
또 떨어져 풀이 죽은 친구에게…

"열 번 찍어 아니 넘어가는
나무 없다고 했어.
언젠가 합격할 거야!"

No. 0459
눈쓰개
얼음나무포켓몬
타입: 풀, 얼음
키: 1.0m 몸무게: 50.5kg

 같이 알아 두면 좋은 말

七 顚 八 起

일곱 **칠**　　넘어질 **전**　　여덟 **팔**　　일어날 **기**

일곱 번 넘어져도 여덟 번 일어난다는 뜻으로,
여러 번 실패해도 꾸준히 도전한다는 말이에요.

No. 0840
과사삭벌레
사과살이포켓몬
타입: 풀, 드래곤
키: 0.2m 몸무게: 0.5kg

재미있는 속담 쏙쏙

원숭이도 나무에서 떨어진다

나무 타는 게 특기인 원숭이라도 나무에서 떨어질 수가 있어요. 이처럼 아무리 익숙하고 잘하는 일이라도 가끔 실수할 때가 있다는 뜻이에요.

No. 0810
흥나숭
꼬마원숭이포켓몬
타입:풀
키:0.3m 몸무게:5.0kg

흥나숭이 지닌 스틱은 몸 안에서 나온 에너지를 받으면 더 단단해지고 탄력이 생겨요.

이렇게 써요!

실수 안 할 자신 있다며 학예회 무대 연습을 안 하는 친구에게…

"원숭이도 나무에서 떨어진다고 했어. 자신 있더라도 꾸준히 연습하는 게 어때?"

No. 0650
도치마론
밤송이포켓몬
타입: 풀
키: 0.4m 몸무게: 9.0kg

 같이 알아 두면 좋은 말

千 慮 一 失

일천 **천**   염려할 **려**   한 **일**   잃을 **실**

천 번 생각에 한 번 실수라는 뜻으로, 지혜로운 사람도 가끔 잘못된 생각을 할 수 있다는 말이에요.

No. 0928
미니브
올리브포켓몬
타입: 풀, 노말
키: 0.3m 몸무게: 6.5kg

어떤 포켓몬에 대한 설명일까요?

포켓몬에 대한 설명을 잘 읽어 보고 누구의 것인지 찾아 선으로 이어 주세요.

등의 씨앗은 성장하면 같이 커져.

치코리타

복슬복슬한 털은 식물이랑 비슷해!

이상해씨

머리의 잎사귀로 따뜻한 곳을 찾아낼 수 있어!

나오하

등껍질이 적당히 젖어 있어야 건강한 거야.

모부기

5장  전기타입

재미있는 속담 쏙쏙

마른하늘에 날벼락

비가 오지 않는 맑은 하늘에 갑자기 날벼락이 치는 상황처럼, 뜻밖에 불행한 일이 갑자기 닥쳤다는 뜻이에요.

No. 0025
피카츄
쥐포켓몬
타입: 전기
키: 0.4m 몸무게: 6.0kg

양 볼에 전기를 저장하는 주머니가 있어요. 피카츄를 화나게 하면 전기에 맞을 수 있어요!

이렇게 써요!

새 신발을 신고 신나게 걸어가다가 강아지 똥을 밟았을 때…

"으악! 이게 무슨 마른하늘에 날벼락이야."

No. 0835
멍파치
강아지포켓몬
타입: 전기
키: 0.3m 몸무게: 13.5kg

같이 알아 두면 좋은 말

青 天 霹 靂

푸를 **청**   하늘 **천**   벼락 **벽**   벼락 **력**

뜻이 같은 사자성어예요. 친구가 갑자기 다쳤다는 소식을 들었을 때 "이게 무슨 청천벽력 같은 소리야!"라고 말할 수 있어요.

No. 1008
미라이돈
패러독스포켓몬
타입: 전기, 드래곤
키: 3.5m 몸무게: 240.0kg

재미있는 속담 쏙쏙

쪽박을 쓰고 벼락을 피하랴

쪽박은 작은 바가지예요. 이것을 머리에 쓴다고 벼락을 피할 수 없는 것처럼, 어리석은 방법으로 눈앞에 닥친 어려움을 피할 수 없다는 뜻이에요.

No. 0181
전룡
라이트포켓몬
타입: 전기
키: 1.4m **몸무게:** 61.5kg

꼬리의 강력한 빛은 아주 멀리까지 전해져요. 그래서 예전부터 중요한 봉화 역할을 했어요.

이렇게 써요!

수업 시간에 늦어서 몰래
교실 문을 열고 들어오다가
선생님께 바로 들켰을 때…

"내가 쪽박을 쓰고
벼락을 피하려고 했구나."

No. 0081
코일
자석포켓몬
타입:전기, 강철
키:0.3m **몸무게**:6.0kg

 ## 같이 알아 두면 좋은 말

無 知 蒙 昧

없을 무　　알 지　　어리석을 몽　　어두울 매

아는 것이 없어 무척 어리석고
일의 옳고 그름을 잘 모른다는 뜻이에요.

No. 0877
모르페코
양면포켓몬
타입:전기, 악
키:0.3m **몸무게**:3.0kg

재미있는 속담 쏙쏙

번개가 잦으면 천둥을 한다

번개가 자주 치면 곧 천둥소리가 들린다는 뜻으로, 어떤 일이 생길 것 같은 기미가 잦아지면 반드시 그 일이 생긴다는 뜻이에요.

No. 0145
썬더
전기포켓몬
타입: 전기, 비행
키: 1.6m **몸무게:** 52.6kg

전설의 포켓몬으로, 번개 구름 안에 살면서 번개를 자유롭게 조종한다고 알려져 있어요.

이렇게 써요!

축구를 하는데 상대편에게 계속 골 찬스가 생길 때…

"번개가 잦으면 천둥을 한다고 하잖아. 이러다가 한 골 먹히겠어!"

No. 0172
피츄
아기쥐포켓몬
타입:전기
키:0.3m 몸무게:2.0kg

같이 알아 두면 좋은 말

방귀가 잦으면 똥 싸기 쉽다

뜻이 같은 속담이에요.
비슷한 속담으로 '초시가 잦으면 급제를 한다'도 있어요.

No. 0848
일레즌
젖먹이포켓몬
타입:전기, 독
키:0.4m 몸무게:11.0kg

재미있는 속담 쏙쏙

모진 놈 옆에 있다가 벼락 맞는다

나쁜 사람을 가까이 하면 그 사람에게 휩쓸려 덩달아 죄를 짓거나 누명을 뒤집어쓰는 등 안 좋은 일을 당하게 된다는 뜻이에요.

No. 0587
에몽가
하늘다람쥐포켓몬
타입: 전기, 비행
키: 0.4m **몸무게**: 5.0kg

전기를 내뿜으며 춤추듯이 하늘을 날아다녀요. 귀엽지만 가끔은 성가시게 느껴지기도 해요.

이렇게 써요!

버스에서 소매치기 옆에 서 있다가 범인으로 오해를 받았을 때…

"전 아무 짓도 안 했어요! 모진 놈 옆에 있다가 벼락 맞았네요!"

No. 0243
라이코
우레포켓몬
타입:전기
키:1.9m 몸무게:178.0kg

같이 알아 두면 좋은 말

동무 사나워 뺨 맞는다

뜻이 같은 속담이에요.
비슷한 속담으로 '천산갑이 지은 죄를 구목이 벼락 맞는다'도 있어요.

No. 0417
파치리스
전기다람쥐포켓몬
타입:전기
키:0.4m 몸무게:3.9kg

재미있는 속담 쏙쏙

천둥인지 지둥인지 모르겠다

천둥은 하늘이 요란하게 울리는 것이고, 지둥은 땅이 흔들리는 것을 말해요. 무엇이 무엇인지 분간하기 어려운 경우를 이르는 말이에요.

No. 0702
데덴네
안테나포켓몬
타입: 전기, 페어리
키: 0.2m **몸무게:** 2.2kg

몸집이 작아 전기를 만드는 기관도 작아요. 그래서 사람이 사는 집에서 꼬리로 전기를 충전해요.

이렇게 써요!

똑 닮은 쌍둥이 형제가 누가 형인지 맞혀 보라고 할 때…

"천둥인지 지둥인지, 누가 누군지 모르겠어."

No. 0479
로토무(로토무의 모습)
플라스마포켓몬
타입: 전기, 고스트
키: 0.3m 몸무게: 0.3kg

 ## 같이 알아 두면 좋은 말

右 往 左 往

오른쪽 우   갈 왕   왼쪽 좌   갈 왕

오른쪽 왼쪽 이리저리 왔다 갔다 한다는 말로, 어떤 뜻이나 일의 방향을 잡지 못할 때 쓰는 말이에요.

No. 0100
찌리리공
볼포켓몬
타입: 전기
키: 0.5m 몸무게: 10.4kg

지금 보이는 포켓몬은 누구일까요?

<보기>를 보고 각각 어떤 포켓몬의 일부분인지 찾아보세요.

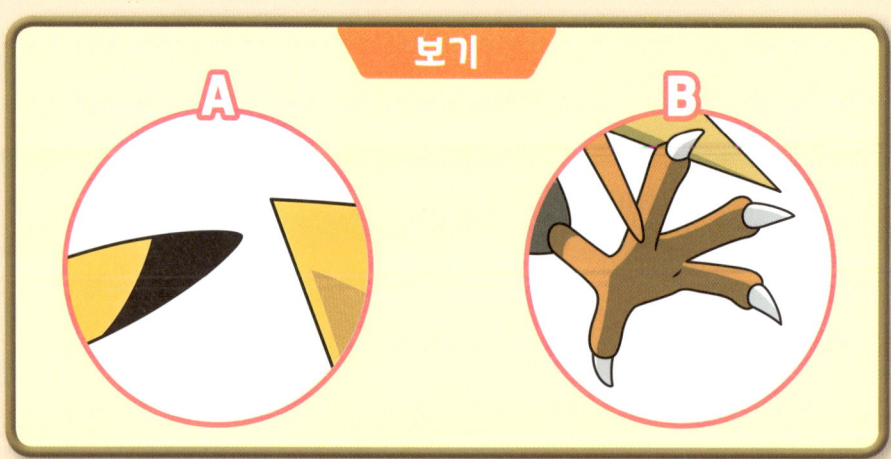

데덴네

피카츄

멍파치

썬더

라이코

쥬피썬더

6장 얼음타입

재미있는 속담 쏙쏙

겨울이 지나지 않고 봄이 오랴

겨울이 꼭 지나야 봄이 오듯이, 모든 일에는 순서가 있다는 뜻이에요. 어려움을 극복해야 성과를 얻을 수 있다는 뜻으로도 쓰여요.

No. 0872
누니머기
애벌레포켓몬
타입: 얼음, 벌레
키: 0.3m 몸무게: 3.8kg

땅에 쌓인 눈을 먹어요. 새로 내린 부드러운 눈을 좋아해서 산꼭대기까지 눈을 먹으면서 움직여요.

이렇게 써요!

라면을 빨리 먹고 싶어서
물이 끓기도 전에
면을 먼저 넣는 동생에게…

"겨울 지나지 않고 봄이 오겠니?
물이 끓은 다음 면을 넣는 거야."

No. 0613
코고미
빙결포켓몬
타입:얼음
키:0.5m 몸무게:8.5kg

같이 알아 두면 좋은 말

春 夏 秋 冬
봄 춘　　여름 하　　가을 추　　겨울 동

봄, 여름, 가을, 겨울의 네 계절을 가리키는 말이에요.

No. 0974
터벅고래
육지고래포켓몬
타입:얼음
키:1.2m 몸무게:45.0kg

재미있는 속담 쏙쏙

언 발에 오줌 누기

언 발에 오줌을 누어 봤자 날씨가 추우면 금세 발이 다시 얼어붙을 거예요. 급하다고 일을 대충 처리하면 문제를 해결하는 데 전혀 도움이 되지 않는다는 뜻이에요.

No. 0124
루주라
인간형태포켓몬
타입: 얼음, 에스퍼
키: 1.4m **몸무게:** 40.6kg

우는 소리가 꼭 사람의 말소리 같아요. 하지만 무슨 말인지는 전혀 이해할 수 없어요.

이렇게 써요!

미술 시간에 찰흙으로 컵을 만들었는데 손잡이가 부러지자 테이프로 붙이려는 친구를 보고…

"그래 봤자 금방 다시 부러져. 언 발에 오줌 누지 말고 빨리 다시 만드는 게 어때?"

No. 0582
바닐프티
신설포켓몬
타입: 얼음
키: 0.4m 몸무게: 5.7kg

같이 알아 두면 좋은 말

臨 時 方 便

임할 **임**   때 **시**   모 **방**   편할 **편**

일을 완전히 해결하지 않고,
우선 간단하게 둘러맞춰 처리해 둔 것을 뜻해요.

No. 0027
모래두지(알로라의 모습)
쥐포켓몬
타입: 얼음, 강철
키: 0.7m 몸무게: 40.0kg

재미있는 속담 쏙쏙

여름에 먹자고 얼음 뜨기

더운 여름을 대비해서 얼음을 준비한다는 말로, 앞으로 벌어질 일을 위해 미리 준비한다는 말이에요.

No. 0712
꽁어름
얼음덩이포켓몬

타입: 얼음
키: 1.0m 몸무게: 99.5kg

몹시 추운 산악 지대에 살아요. 냉기로 만든 얼음으로 몸을 감싸 보호해요.

이렇게 써요!

시험 기간이 오기 전에
미리미리 공부하는 친구에게…

"여름에 먹자고 얼음 뜨는구나.
나도 너처럼 미리 공부해야지."

No. 0875
빙큐보(아이스페이스)
펭귄포켓몬
타입: 얼음
키: 1.4m 몸무게: 89.0kg

같이 알아 두면 좋은 말

有 備 無 患

있을 유   갖출 비   없을 무   근심 환

어떤 일에 대해 미리 준비를 해 둔다면 걱정이 없다는 뜻이에요.

No. 0363
대굴레오
손뼉포켓몬
타입: 얼음, 물
키: 0.8m 몸무게: 39.5kg

재미있는 속담 쏙쏙

눈 집어 먹은 토끼 다르고 얼음 집어 먹은 토끼 다르다

무엇을 먹고 살았는지에 따라 토끼도 달라지는 것처럼, 사람도 자기가 살아온 환경에 따라 능력이나 성격 등이 달라진다는 뜻이에요.

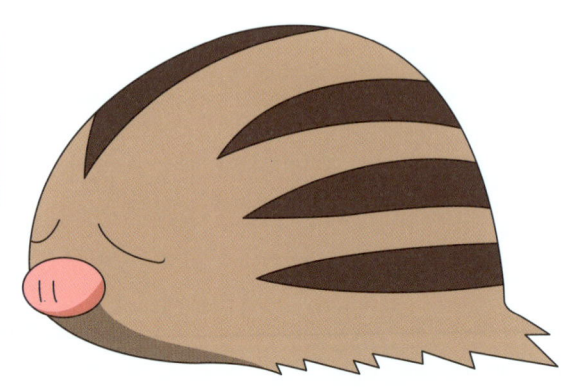

No. 0220
꾸꾸리
산돼지포켓몬
타입: 얼음, 땅
키: 0.4m 몸무게: 6.5kg

코끝으로 땅을 파면서 먹을 것을 찾아다녀요. 눈 속에 파묻힌 먹이도 냄새로 찾을 수 있어요.

이렇게 써요!

어릴 때 달리기 실력이 비슷했던 친구가 운동부에 들어가더니 몰라보게 빨라졌을 때…

"눈 집어 먹은 토끼 다르고 얼음 집어 먹은 토끼 다르다더니 운동부는 역시 다르구나."

No. 0361
눈꼬마
눈우산포켓몬
타입: 얼음
키: 0.7m 몸무게: 16.8kg

같이 알아 두면 좋은 말

各樣各色

각기 **각**   모양 **양**   각기 **각**   빛 **색**

여러 가지 모양과 각기 다른 색을 뜻해요.
각자 개성이 있는 여러 사람들이나 물건 등을 묘사할 때 많이 쓰여요.

No. 0471
글레이시아
신설포켓몬
타입: 얼음
키: 0.8m 몸무게: 25.9kg

숨겨진 이름을 찾아라!

<보기>에 있는 포켓몬의 이름을 찾아보세요.

코	뿔	소	루	면	비
고	구	한	주	상	글
미	배	리	라	의	레
한	정	진	리	신	이
누	니	머	기	너	시
차	할	머	니	시	아

7장 격투타입

재미있는 속담 쏙쏙

흥정은 붙이고 싸움은 말리랬다

흥정은 물건을 사고파는 것 또는 그런 일을 할 때 값을 논의하는 일을 말해요. 흥정처럼 좋은 일은 서로 권하고, 싸움처럼 나쁜 일은 말려야 한다는 뜻이에요.

No. 0447
리오르
파문포켓몬
타입:격투
키:0.7m 몸무게:20.2kg

동료끼리 파동으로 의사소통을 해요. 밤새도록 멈추지 않고 계속 달릴 수 있는 능력도 있어요.

이렇게 써요!

올여름 아이스크림 가게에서 특가 할인을 한다는 소식을 이웃에게 전해 주며…

"흥정은 붙이고 싸움은 말리라고 하잖아요. 좋은 소식은 서로 알려야죠."

No. 0066
알통몬
괴력포켓몬
타입: 격투
키: 0.8m 몸무게: 19.5kg

같이 알아 두면 좋은 말

孤 軍 奮 鬪

의로울 고   군사 군   떨칠 분   싸움 투

홀로 남겨진 군사가 많은 수의 적군과 잘 싸웠다는 뜻으로, 도움 없이 어려운 일을 해 나갔다는 뜻이에요.

No. 0307
요가랑
명상포켓몬
타입: 격투, 에스퍼
키: 0.6m 몸무게: 11.2kg

재미있는 속담 쏙쏙

싸움 잘하는 놈 매 맞아 죽는다

싸움을 잘하는 사람이 도리어 매를 맞아 죽는다는 말로, 나쁜 짓을 하면 결국 그 나쁜 행동 때문에 화를 입게 된다는 뜻이에요.

No. 1007
코라이돈
패러독스포켓몬

타입: 격투, 드래곤
키: 2.5m **몸무게:** 303.0kg

거대한 발톱으로 상대를 공격해요. 주먹으로 대지를 갈랐다고 하는 '날개의 왕'으로 추정돼요.

이렇게 써요!

친구들에게 짓궂은 장난을 치는 것을 좋아하던 친구가 똑같이 자기도 당하게 되었을 때…

"싸움 잘하는 놈 매 맞아 죽는다더니, 그렇게 장난 좀 적당히 치지."

No. 0056
망키
돈숭이포켓몬
타입:격투
키:0.5m 몸무게:28.0kg

같이 알아 두면 좋은 말

自 繩 自 縛

스스로 **자**   줄 **승**   스스로 **자**   묶을 **박**

자기가 만든 줄로 자기 몸을 묶는다는 뜻으로, 자기가 한 말과 행동에 얽혀 곤란해진다는 뜻이에요.

No. 0532
으랏차
근골포켓몬
타입:격투
키:0.6m 몸무게:12.5kg

재미있는 속담 쏙쏙

남의 싸움에 칼 빼기

남의 싸움에 끼어들어 칼을 뺀다는 뜻으로,
남의 문제에 쓸데없이 간섭하기
좋아하는 것을 이르는 말이에요.

No. 0236
배루키
싸움포켓몬
타입: 격투
키: 0.7m 몸무게: 21.0kg

자신에게 맞는 격투 스타일을 찾기 위해 진지하게 노력해요. 다양한 상대와 겨루며 연구를 거듭해요.

이렇게 써요!

복도에서 친구들이 싸우는 것을 얼핏 듣고 누구의 잘못인지 판단해 주겠다고 말하자…

"남의 싸움에 칼 빼기 하지 마. 넌 어떤 상황인지 모르잖아!"

No. 0296
마크탕
근성포켓몬
타입: 격투
키: 1.0m 몸무게: 86.4kg

 같이 알아 두면 좋은 말

남의 잔치에 감 놓아라 배 놓아라 한다

뜻이 같은 속담이에요.
비슷한 속담으로 '사돈집 잔치에 감 놓아라 배 놓아라 한다'도 있어요.

No. 0538
던지미
유도포켓몬
타입: 격투
키: 1.3m 몸무게: 55.5kg

재미있는 속담 쏙쏙

주먹이 운다

화가 나는 일이 있어도 치거나 때리지 않고 꾹 참는다는 말이에요. 화를 참기 위해 꽉 쥔 주먹이 부르르 떨리는 모습을 떠올려 보세요.

No. 0107

홍수몬
펀치포켓몬

타입: 격투
키: 1.4m **몸무게**: 50.2kg

콤비네이션 펀치로 상대를 몰아붙여요. 스트레이트 펀치의 속도는 시속 500km나 돼요.

이렇게 써요!

동물 학대에 대해 다룬 뉴스를 보면서…

"아, 주먹이 운다. 말도 못 하는 동물에게 어떻게 저럴 수 있어!"

No. 0539
타격귀
태권도포켓몬
타입: 격투
키: 1.4m 몸무게: 51.0kg

같이 알아 두면 좋은 말

天人共怒

하늘 천 　 사람 인 　 함께 공 　 노할 노

하늘과 사람이 함께 분노한다는 뜻이에요.
누구든지 화가 날 수밖에 없는 상황일 때 써요.

No. 0674
판짱
개구쟁이포켓몬
타입: 격투
키: 0.6m 몸무게: 8.0kg

실루엣을 찾아라!

포켓몬들이 자기 실루엣을 찾을 수 있도록 선으로 이어 주세요.

알통몬

코라이돈

리오르

홍수몬

판짱

8장 | 독타입

재미있는 속담 쏙쏙

독으로 독을 친다

독을 물리치려면 똑같이 독을 써야 한다는 뜻이에요. 어떤 나쁜 것을 없앨 때 상대의 수단과 방법에 맞먹는 것으로 대응해야 함을 두고 이르는 말이에요.

No. O453
삐딱구리
독설포켓몬

타입: 독, 격투
키: 0.7m **몸무게**: 23.0kg

독주머니를 부풀리면서 울어 으스스한 소리를 퍼뜨려요. 상대가 풀이 죽으면 독찌르기를 해요.

이렇게 써요!

체육 대회 피구 경기에서 상대 팀이 자꾸 교묘하게 반칙을 할 때…

"독으로 독을 친다지만, 우린 반칙 대신 다른 대응책을 찾자."

No. 0032
니드런 ♂
독침포켓몬
타입: 독
키: 0.5m 몸무게: 9.0kg

 같이 알아 두면 좋은 말

以 熱 治 熱
써 이 　 더울 열 　 다스릴 치 　 더울 열

뜻이 비슷한 사자성어로,
더운 것은 더운 것으로 다스린다는 말이에요.

No. 0690
수레기
풀모방포켓몬
타입: 독, 물
키: 0.5m 몸무게: 7.3kg

재미있는 속담 쏙쏙

공짜라면 양잿물이라도 먹는다

양잿물은 빨래할 때 쓰는 독한 물이에요.
공짜면 무엇이든 가리지 않고 닥치는 대로
거두어들이는 것을 비꼬는 말이에요.

No. 0316
꼴깍몬
밥통포켓몬
타입:독
키:0.4m 몸무게:10.3kg

무엇이든 소화하는 튼튼한 위를 가졌어요. 소화할 때 발생한 가스에서 지독한 악취가 나요.

이렇게 써요!

식당 오픈 이벤트로 무제한 식사권에 당첨되어 무리하게 먹고 배탈이 났을 때…

"공짜라면 양잿물이라도 먹는다더니 적당히 먹었어야지!"

No. 0041
주뱃
박쥐포켓몬
타입: 독, 비행
키: 0.8m 몸무게: 7.5kg

 ## 같이 알아 두면 좋은 말

공짜라면 당나귀도 잡아먹는다

뜻이 같은 속담이에요. 공짜라고 하면 평소에 먹지 않던 당나귀도 잡아먹는다는 말이에요.

No. 0944
딱쭈르
독쥐포켓몬
타입: 독, 노말
키: 0.2m 몸무게: 0.7kg

재미있는 속담 쏙쏙

독사 아가리에 손가락을 넣는다

독을 가진 뱀의 입에 손가락을 넣는 것처럼 아주 위험한 일을 한다는 말이에요.

No. 0023
아보
뱀포켓몬
타입: 독
키: 2.0m 몸무게: 6.9kg

먹이를 먹을 때 자유롭게 턱을 뺄 수 있어서 커다란 것도 쉽게 먹을 수 있어요.

이렇게 써요!

으르렁거리는 커다란 개에게
친구가 겁도 없이 다가갈 때…

"독사 아가리에 손가락을
넣으려고 하는구나. 조심해."

No. 0747
시마사리
깨비사리포켓몬
타입: 독, 물
키: 0.4m 몸무게: 8.0kg

 ## 같이 알아 두면 좋은 말

一 觸 卽 發

한 일   닿을 촉   곧 즉   필 발

한 번 닿으면 곧 터진다는 뜻으로,
아주 위급하고 절박한 상태를 말해요.

No. 0568
깨봉이
쓰레기봉투포켓몬
타입: 독
키: 0.6m 몸무게: 31.0kg

재미있는 속담 쏙쏙

방귀 뀐 놈이 성낸다

방귀를 뀐 사람이 오히려 남에게 화를 낸다는 뜻으로,
잘못을 저질러 놓고 미안해 하기는커녕
화를 내는 것을 비꼬는 말이에요.

No. 0109
또가스
독가스포켓몬
타입 : 독
키 : 0.6m 몸무게 : 1.0kg

풍선 같은 몸에 맹독의 가스가 채워져 있어요. 가스가 공기보다 가벼운 성분이어서 공중에 떠 있어요.

이렇게 써요!

동생이 장난감을 빼앗아 가서,
돌려달라고 했더니
큰 소리로 엉엉 울 때…

"네가 빼앗아 가 놓고
왜 빼앗긴 것처럼 우는 거야.
방귀 뀐 놈이 성내고 있네."

No. 0434
스컹뿡
스컹크포켓몬
타입: 녹, 악
키: 0.4m 몸무게: 19.2kg

 같이 알아 두면 좋은 말

賊 反 荷 杖

도둑 **적**   되돌릴 **반**   멜 **하**   몽둥이 **장**

뜻이 비슷한 사자성어예요. 도둑이 도리어 매를 든다는 뜻으로,
잘못을 한 사람이 잘못 없는 사람을 나무라는 것을 말해요.

No. 0757
야도뇽
독도마뱀포켓몬
타입: 독, 불꽃
키: 0.6m 몸무게: 4.8kg

재미있는 속담 쏙쏙

꿀은 달아도 벌은 쏜다

달콤한 꿀을 얻으려다가 그곳에 있는 벌에게 쏘일 수 있다는 뜻으로, 좋은 것을 얻기 위해서는 그만한 어려움이 따른다는 뜻이에요.

No. 0803
베베놈
독침포켓몬
타입: 독
키: 0.6m 몸무게: 1.8kg

다른 세계에 사는 울트라비스트예요. 머리의 독침에서 나온 독액을 상대방에게 뿌려요.

이렇게 써요!

숨을 헐떡이며
산 정상으로 올라갈 때…

"멋진 풍경을 보기 위해서는
이런 고통쯤은 견딜 수 있어야 해.
꿀은 달아도 벌은 쏘니까."

No. 0088
질퍽이
오물포켓몬
타입: 독
키: 0.9m 몸무게: 30.0kg

 같이 알아 두면 좋은 말

苦 盡 甘 來

쓸 고   다할 진   달 감   올 래

쓴 것이 다한 뒤 단 것이 온다는 뜻으로,
고생 끝에 즐거움이 올 거라는 뜻이에요.

No. 0451
스콜피
전갈포켓몬
타입: 독, 벌레
키: 0.8m 몸무게: 12.0kg

독타입 포켓몬은 모두 몇 마리일까요?

아래에서 독타입 포켓몬을 찾아 ○ 한 뒤, 모두 몇 마리인지 수를 적어 보세요.

 독타입 포켓몬은 모두 ◯ 마리!

9장 땅타입

재미있는 속담 쏙쏙

굳은 땅에 물이 괸다

땅이 단단하게 굳어야 물이 스며들지 않고 고일 수 있듯이, 무슨 일을 하든 마음을 굳게 다잡아야 원하는 성과를 얻을 수 있다는 말이에요.

No. 0050
디그다
두더지포켓몬
타입:땅
키:0.2m 몸무게:0.8kg

지하 1m 정도를 파고들어 가 나무뿌리 등을 씹어 먹고 살아요. 가끔 지상으로 얼굴을 내밀어요.

이렇게 써요!

힘이 들 때마다 꿈을 떠올리며
마음을 다잡았다는 성공한
축구 선수의 이야기를 듣고…

"굳은 땅에 물이 괸다더니,
마음을 굳게 먹어야
성공할 수 있구나!"

No. 0231
코코리
긴코포켓몬
타입:땅
키:0.5m 몸무게:33.5kg

 같이 알아 두면 좋은 말

安 貧 樂 道
편안할 **안**   가난할 **빈**   즐거운 **낙**   길 **도**

가난하더라도 편안한 마음으로 도를 즐긴다는 뜻으로,
돈에 대한 욕심을 버리고 인생을 평안하게 사는 태도를 말해요.

No. 0843
모래뱀
모래뱀포켓몬
타입:땅
키:2.2m 몸무게:7.6kg

재미있는 속담 쏙쏙

땅 짚고 헤엄치기

땅을 짚고 헤엄치는 것처럼 일이 무척 쉽다는 말이에요.
일이 의심의 여지 없이
매우 확실하다는 뜻으로도 쓰여요.

No. 0618
메더
트랩포켓몬
타입: 땅, 전기
키: 0.7m **몸무게:** 11.0kg

갯벌에 살아요. 진흙 속에 있는 세균을 이용해 강력한 전기를 만들어 낼 수 있어요.

이렇게 써요!

줄넘기 2단 뛰기를 성공한 동생이
대견해서 칭찬을 했더니,
동생이 씨익 웃으면서…

"이제 2단 뛰기쯤은
땅 짚고 헤엄치기지."

No. 0328
톱치
개미지옥포켓몬
타입:땅
키:0.7m 몸무게:15.0kg

같이 알아 두면 좋은 말

누워서 떡 먹기

뜻이 같은 속담이에요.
비슷한 속담으로 '누운 소 타기'도 있어요.

No. 0622
골비람
골렘포켓몬
타입:땅, 고스트
키:1.0m 몸무게:92.0kg

재미있는 속담 쏙쏙

비 온 뒤에
땅이 굳어진다

비가 오고 나면 땅이 마르면서 더욱 단단해져요.
이처럼 어려움을 겪고 난 뒤에 더 강해진다는 뜻이에요.

No. 0383
그란돈
대륙포켓몬
타입:땅
키:3.5m **몸무게**:950.0kg

먼 옛날 가이오가와 사투를 벌인 후, 지하 마그마 속에서 오래 잠들어 있었어요.

이렇게 써요!

열심히 연습해서 도전한 아이돌 오디션에서 예선 탈락하고 슬퍼하는 친구에게…

"비 온 뒤에 땅이 굳는다잖아. 다음 오디션은 더 잘 치를 수 있을 거야."

No. 0028
고지
쥐포켓몬
타입: 땅
키: 1.0m 몸무게: 29.5kg

같이 알아 두면 좋은 말

山 戰 水 戰

메 산   싸움 전   물 수   싸움 전

산에서도 물에서도 싸웠다는 말로, 온갖 고생과 시련을 많이 겪었다는 뜻이에요.

No. 0207
글라이거
날전갈포켓몬
타입: 땅, 비행
키: 1.1m 몸무게: 64.8kg

재미있는 속담 쏙쏙

콩 심은 데 콩 나고 팥 심은 데 팥 난다

콩을 심으면 콩이 나고
팥을 심으면 팥이 나는 것이 당연한 것처럼,
모든 일은 원인에 걸맞은 결과가 나온다는 뜻이에요.

No. 0449
히포포타스
하마포켓몬
타입: 땅
키: 0.8m 몸무게: 49.5kg

콧구멍을 꽉 막고 모래 속을 걸어 다니듯 이동해요. 10마리 정도가 무리 지어 생활하지요.

이렇게 써요!

운동을 열심히 해서 살도 빼고
아주 건강해진 친구에게…

"콩 심은데 콩 나고 팥 심은데
팥 난다더니, 정말이구나."

No. 0948
들눈해
목이버섯포켓몬
타입:땅, 풀
키:0.9m 몸무게:33.0kg

 같이 알아 두면 좋은 말

가시나무에 가시가 난다

뜻이 같은 속담이에요.
비슷한 속담으로 '배나무에 배 열리지 감 안 열린다'도 있어요.

No. 0104
탕구리
고독포켓몬
타입:땅
키:0.4m 몸무게:6.5kg

재미있는 속담 쏙쏙

사촌이 땅을 사면 배가 아프다

배가 아프다는 말은 심술이 나는 것을 비유적으로 표현한 거예요. 즉 남이 잘 되었을 때 기뻐하지 않고 오히려 시기하고 질투하게 된다는 뜻이에요.

No. 0529
두더류
두더지포켓몬
타입: 땅
키: 0.3m 몸무게: 8.5kg

손톱을 겹치고 몸을 빠르게 회전시켜 땅속을 지나다녀요. 그 속도가 시속 50km가 넘어요.

이렇게 써요!

가고 싶었던 아이돌 팬 사인회에 내가 아닌 친한 친구가 당첨되었을 때…

"사촌이 땅을 사면 배가 아프다지만 난 오히려 너라도 당첨이 되어서 기쁜걸."

No. 0867
데스판
원념포켓몬

타입: 땅, 고스트
키: 1.6m 몸무게: 66.6kg

 같이 알아 두면 좋은 말

남의 호박에 말뚝 박기

말뚝은 땅에 두드려 박는 기둥으로, 호박에 말뚝을 박으면 부서지겠지요. 남의 일이 잘되는 것을 시기해서 일부러 방해한다는 뜻이에요.

No. 0343
오뚝군
토우포켓몬

타입: 땅, 에스퍼
키: 0.5m 몸무게: 21.5kg

재미있는 속담 쏙쏙

부지런한 농사꾼에게는 나쁜 땅이 없다

논밭을 열심히 가꾸는 농사꾼은 나쁜 땅도 좋은 땅으로 바꿔 곡식을 많이 낼 수 있다는 말로, 모든 일은 자기가 하기에 달렸다는 뜻이에요.

No. 0749
머드나기
당나귀포켓몬
타입: 땅
키: 1.0m **몸무게:** 110.0kg

먹었던 흙을 되새김해서 만든 진흙을 두르고 있어요. 덕분에 햇볕을 오래 쬐어도 피부가 촉촉해요.

이렇게 써요!

이런저런 핑계를 대며
공부할 수가 없다고
징징대는 친구에게…

"부지런한 농사꾼에게는
나쁜 땅이 없어.
공부에 집중해 보는 게 어때?"

No. 0111
뿔카노
뿔포켓몬
타입: 땅, 바위
키: 1.0m 몸무게: 115.0kg

같이 알아 두면 좋은 말

不撤晝夜

아닐 **불**   거둘 **철**   낮 **주**   밤 **야**

낮에도 밤에도 일을 멈추지 않는다는 뜻으로 시간 가는지 모르고
어떤 일에 몰두하는 모습을 말해요.

No. 0551
깜눈크
사막악어포켓몬
타입: 땅, 악
키: 0.7m 몸무게: 15.2kg

탕구리를 찾아서

포켓몬들이 탕구리를 찾고 있어요.
사다리를 타고 내려가 탕구리를 만나게 될 포켓몬을 찾아 ○ 하세요.

나오하   꾸왁스   피카츄   뜨아거

탕구리   머드나기   코코리   톱치

10장 비행타입

재미있는 속담 쏙쏙

까마귀 날자 배 떨어진다

까마귀가 날자 우연히 배가 떨어졌을 뿐인데 까마귀가 배를 떨어트린 것으로 오해한다는 뜻으로, 우연히 일어난 일로 의심을 받을 때 쓰는 말이에요.

No. 0821

파라꼬
아기새포켓몬

타입: 비행
키: 0.2m 몸무게: 1.8kg

용감하고 저돌적이에요. 눈가에 있는 하얀 무늬가 카리스마 있는 성격과 잘 어울려요.

이렇게 써요!

식탁에서 일어나자 때마침
밥그릇이 바닥으로 떨어질 때…

"까마귀 날자 배 떨어진다더니,
제가 떨어트린 거 아니에요."

No. 0276
테일로
아기제비포켓몬
타입: 노말, 비행
키: 0.3m **몸무게**: 2.3kg

같이 알아 두면 좋은 말

烏 飛 梨 落

까마귀 **오**   날 **비**   배나무 **이**   떨어질 **락**

뜻이 같은 사자성어예요. 울고 있는 아이 옆을 지나가다가 아이를 울린 사람으로 지목받을 때 "오비이락 같은 상황이네요."라고 말할 수 있어요.

No. 0021
깨비참
아기새포켓몬
타입: 노말, 비행
키: 0.3m **몸무게**: 2.0kg

재미있는 속담 쏙쏙

꿩 먹고 알 먹는다

꿩을 사냥했더니 꿩이 가진 알까지 얻게 되었다면 무척 기분 좋은 일이겠지요.
이처럼 한 가지 일로 여러 이득을 본다는 뜻이에요.

No. 0519
콩둘기
아기비둘기포켓몬
타입: 노말, 비행
키: 0.3m 몸무게: 2.1kg

사람들이 사는 곳에 주로 나타나요. 이때 먹이를 뿌려 주면 수백 마리가 모여들어요.

이렇게 써요!

방 청소를 하다가 예전에
잃어버린 장난감을 발견했을 때…

"청소도 하고 장난감도 찾고,
꿩 먹고 알 먹기야."

No. 0931
시비꼬(블루 페더)
잉꼬포켓몬
타입:노말, 비행
키:0.6m 몸무게:2.4kg

 같이 알아 두면 좋은 말

一 石 二 鳥
한 일   돌 석   두 이   새 조

뜻이 비슷한 사자성어로,
돌 하나를 던져 두 마리의 새를 잡는다는 말이에요.

No. 0973
꼬이밍고
싱크로포켓몬
타입:비행, 격투
키:1.6m 몸무게:37.0kg

재미있는 속담 쏙쏙

낮말은 새가 듣고 밤말은 쥐가 듣는다

아무리 은밀하게 한 이야기라도
반드시 남의 귀에 들어가게 된다는 뜻으로,
언제나 말을 조심해서 하라는 뜻이에요.

 No. 0962
떨구새
낙하물포켓몬
타입: 비행, 악
키: 1.5m **몸무게**: 42.9kg

가슴에 있는 깃털과 떨어진 깃털로 만든 주머니에 물건을 넣은 뒤 높은 곳에서 떨어뜨리며 놀아요.

이렇게 써요!

친구들과 새로 온 전학생에 대해 은밀하게 이야기를 나눴었는데 그 일을 전학생이 알고 있을 때…

"낮말은 새가 듣고 밤말은 쥐가 듣는다더니, 말 조심해야겠어."

No. 0163
부우부
부엉이포켓몬
타입: 노말, 비행
키: 0.7m 몸무게: 21.2kg

 같이 알아 두면 좋은 말

벽에도 귀가 있다

뜻이 같은 속담이에요.
비슷한 속담으로 '담에도 귀가 달렸다'도 있어요.

No. 0441
페라페
음표포켓몬
타입: 노말, 비행
키: 0.5m 몸무게: 1.9kg

재미있는 속담 쏙쏙

닭 잡아먹고 오리발 내놓기

닭을 잡아먹었으면서 오리발을 내밀며 오리를 먹었다고 둘러대는 것처럼, 잘못된 일을 해 놓고 속여 넘기려는 태도를 보일 때 쓰는 말이에요.

No. 0845
윽우지
그대로삼키기포켓몬
타입:비행, 물
키:0.8m **몸무게**:18.0kg

무엇이든 통째로 삼켜요. 지나치게 큰 먹이를 삼키고 버거워하는 윽우지일수록 강해요.

이렇게 써요!

축구 시합 때 공을 손으로 막아 냈으면서 끝까지 아니라고 우기는 친구에게…

"거짓말, 닭 잡아먹고 오리발 내놓지 마!"

No. 0083
파오리
청둥오리포켓몬
타입: 노말, 비행
키: 0.8m **몸무게**: 15.0kg

 같이 알아 두면 좋은 말

指 鹿 爲 馬

가리킬 **지**　사슴 **록**　할 **위**　말 **마**

진나라의 조고가 자신의 힘을 시험해 보려고, 황제 앞에서 사슴을 말이라고 한 일화에서 유래되었어요. 윗사람을 농락해 권력을 휘두른다는 말이에요.

No. 0627
수리둥보
새끼독수리포켓몬
타입: 노말, 비행
키: 0.5m **몸무게**: 10.5kg

재미있는 속담 쏙쏙

뛰는 놈 위에 나는 놈 있다

뛰어난 재주가 있다 하더라도
그보다 더 대단한 사람이 있다는 뜻으로,
우쭐대다가 큰코다친다는 뜻이에요.

No. 0641
토네로스(영물폼)
선풍포켓몬

타입: 비행
키: 1.4m **몸무게**: 63.0kg

구름처럼 생긴 에너지체로 둘러싸여 빠르게 날아다녀요. 꼬리의 에너지로 폭풍을 일으킬 수 있어요.

이렇게 써요!

내가 반에서 달리기를 가장 잘하는 줄 알았는데 전학생이 나를 앞질러 달려갈 때…

"역시 뛰는 놈 위에 나는 놈 있구나."

No. 0084
두두
쌍둥이새포켓몬
타입: 노말, 비행
키: 1.4m **몸무게**: 39.2kg

 같이 알아 두면 좋은 말

치 위에 치가 있다

뜻이 같은 속담이에요.
치는 사람을 낮잡아 부르는 말이에요.

No. 0731
콕코구리
딱따구리포켓몬
타입: 노말, 비행
키: 0.3m **몸무게**: 1.2kg

135

재미있는 속담 쏙쏙

참새가 방앗간을 그저 지나랴

방앗간은 곡식을 빻는 곳이에요. 곡식을 좋아하는 참새가 여길 그냥 지나치기 어렵겠지요? 이처럼 자기가 좋아하는 것을 보면 쉽게 지나치기 어렵다는 말이에요.

No. 0016
구구
아기새포켓몬
타입: 노말, 비행
키: 0.3m **몸무게:** 1.8kg

얌전한 성격이라 싸움을 좋아하지 않아요. 하지만 누군가 화를 돋우면 강력하게 반격해요.

이렇게 써요!

동생과 마트에 갔는데
과자 코너에서
눈을 떼지 못하는 동생을 보며…

"그럴 줄 알았어.
참새가 방앗간을 그저 지나가겠니?"

No. 0396
찌르꼬
찌르레기포켓몬
타입: 노말, 비행
키: 0.3m 몸무게: 2.0kg

 같이 알아 두면 좋은 말

見 物 生 心

볼 견   만물 물   날 생   마음 심

어떤 물건을 실제로 보면
그것을 갖고 싶은 욕심이 생긴다는 뜻이에요.

No. 0333
파비코
솜새포켓몬
타입: 노말, 비행
키: 0.4m 몸무게: 1.2kg

재미 콕콕! 낱말 퍼즐

빈칸에 알맞은 포켓몬의 이름을 넣어 낱말 퍼즐을 완성해 보세요.

가로 열쇠

세로 열쇠

11장  에스퍼타입

재미있는 속담 쏙쏙

굿이나 보고 떡이나 먹지

옛날에는 굿을 할 때 구경꾼들이 모여들었어요. 구경꾼들은 굿이 끝나면 떡을 얻어먹었지요. 이처럼 남의 일에는 간섭하지 말고 가만히 구경이나 하다가 이익이나 얻으라는 뜻이에요.

No. 0360
마자
명랑포켓몬
타입: 에스퍼
키: 0.6m 몸무게: 14.0kg

인내심이 강한 이유는 동료들과 밀어내기 놀이를 하면서 자랐기 때문이에요. 과일을 좋아해요.

이렇게 써요!

동생의 컴퓨터 게임을 도와주려고 옆에 앉았는데 동생이 자꾸 내 실력을 의심할 때…

"걱정하지 마. 나에게 맡겨 둬. 너는 굿이나 보고 떡이나 먹으면 돼."

No. 0577
유니란
세포포켓몬
타입: 에스퍼
키: 0.3m 몸무게: 1.0kg

같이 알아 두면 좋은 말

袖 手 傍 觀
소매 수   손 수   곁 방   볼 관

소매에 손을 넣고 곁에서 보기만 한다는 뜻으로, 간섭하거나 거들지 않고 그대로 버려둔다는 말이에요.

No. 0439
흉내내
따라하기포켓몬
타입: 에스퍼, 페어리
키: 0.6m 몸무게: 13.0kg

재미있는 속담 쏙쏙

동에 번쩍
서에 번쩍

정해진 곳이 없고, 지나간 흔적을 찾을 수 없을 만큼 여기저기 왔다 갔다 한다는 뜻이에요. 바쁘게 움직이는 사람을 가리킬 때 많이 써요.

No. 0151
뮤
신종포켓몬
타입: 에스퍼
키: 0.4m **몸무게:** 4.0kg

모든 기술을 사용할 수 있어요. 그래서 포켓몬의 조상이라고 생각하는 학자가 많다고 해요.

이렇게 써요!

지난주에는 일본에, 이번 주에는 대만에 여행을 간 친구를 보며…

"동에 번쩍 서에 번쩍하는구나."

No. 0063
캐이시
초능력포켓몬
타입: 에스퍼
키: 0.9m **몸무게**: 19.5kg

같이 알아 두면 좋은 말

神 出 鬼 沒

귀신 **신**   날 **출**   귀신 **귀**   가라앉을 **몰**

귀신같이 나타났다가 귀신처럼 사라진다는 뜻으로,
그 움직임을 알 수 없을 만큼 자유자재로 나타났다가 사라지는 것을 말해요.

No. 0481
엠라이트
감정포켓몬
타입: 에스퍼
키: 0.3m **몸무게**: 0.3kg

재미있는 속담 쏙쏙

선무당이 사람 잡는다

서툰 무당이 잘못된 점괘로 사람의 목숨까지 앗을 수도 있다는 말로, 기술과 경험이 없는데 함부로 일을 하다가는 큰일을 저지르게 된다는 뜻이에요.

No. 0280
랄토스
느낌포켓몬
타입: 에스퍼, 페어리
키: 0.4m 몸무게: 6.6kg

머리에 있는 빨간 뿔로 사람의 감정을 민감하고 섬세하게 감지하는 능력이 있어요.

이렇게 써요!

인터넷에서 배운 레시피로 엄청나게 매운 떡볶이를 만들어 준 친구에게…

"선무당이 사람 잡네. 좀 더 연습한 다음 떡볶이를 만들어 줘."

No. 0677
냐스퍼
자제포켓몬
타입:에스퍼
키:0.3m 몸무게:3.5kg

같이 알아 두면 좋은 말

生 巫 殺 人
살 생   무당 무   죽일 살   사람 인

뜻이 같은 사자성어예요.
아직 미숙한 일이 있다면 함부로 나서지 않는 것이 좋을 수 있어요.

No. 0482
아그놈
의지포켓몬
타입:에스퍼
키:0.3m 몸무게:0.3kg

재미있는 속담 쏙쏙

꿈보다 해몽이 좋다

꿈은 어떻게 풀이하느냐에 따라 좋고 나쁨이 달라진다는 말로, 겉으로 드러나는 것보다 그 본질을 잘 판단하라는 뜻이에요. 나쁜 일을 그럴듯하게 좋게 풀이한다는 뜻도 있어요.

No. 0096
슬리프
최면포켓몬
타입: 에스퍼
키: 1.0m 몸무게: 32.4kg

먹어 치운 꿈은 모두 기억해요. 특히 아이의 꿈이 맛있는지 어른의 꿈은 잘 먹지 않아요.

이렇게 써요!

우산을 잃어버리고 비를 맞으며
집에 돌아온 동생이 오히려
더웠는데 잘 된 일이라고 말하자…

"꿈보다 해몽이 좋네.
긍정적인 마음이 아주 멋져!"

No. 0488
크레세리아
초승달포켓몬
타입: 에스퍼
키: 1.5m 몸무게: 85.6kg

같이 알아 두면 좋은 말

귀에 걸면 귀걸이 코에 걸면 코걸이

둘러대기에 따라 이렇게도 되고 저렇게도 된다는 말이에요.
무언가를 정당한 근거 없이 자기에게 유리하게 해석할 때 주로 써요.

No. 0517
몽나
꿈먹기포켓몬
타입: 에스퍼
키: 0.6m 몸무게: 23.3kg

재미있는 속담 쏙쏙

떡 본 김에 제사 지낸다

우리나라에서는 제사를 지낼 때 떡을 올려요. 떡을 보았으니 이참에 제사를 지낸다는 말로, 우연히 운 좋은 기회가 생겼을 때 하려던 일을 해치운다는 뜻이에요.

No. 0325
피그점프
바운스포켓몬
타입: 에스퍼
키: 0.7m **몸무게:** 30.6kg

머리에 이고 있는 진주가 사이코 파워를 높여 줘요. 뛰어오르는 것을 멈추면 죽는다고 해요.

이렇게 써요!

저녁거리를 사러 마트에 갔다가 캠핑용품 특별 할인 행사 기간인 것을 알았을 때…

"떡 본 김에 제사 지낸다고, 이번 여름 캠핑에 쓸 물건도 사야겠다!"

No. 0433
랑딸랑
방울포켓몬
타입: 에스퍼
키: 0.2m 몸무게: 0.6kg

같이 알아 두면 좋은 말

소매 긴 김에 춤춘다

뜻이 같은 속담이에요.
비슷한 말로 '엎어진 김에 쉬어 간다'도 있어요.

No. 0201
안농
심볼포켓몬
타입: 에스퍼
키: 0.5m 몸무게: 5.0kg

재미있는 속담 쏙쏙

재주는 홍길동이다

홍길동은 허균의 소설 〈홍길동전〉의 주인공으로 수많은 도술을 부리는 초능력을 가진 인물이에요. 홍길동처럼 재주가 변화무쌍하다는 뜻이에요.

No. 0480
유크시
지식포켓몬
타입: 에스퍼
키: 0.3m **몸무게:** 0.3kg

지식의 신이라 불려요. 눈을 마주친 사람의 기억을 지워 버리는 능력이 있어요.

이렇게 써요!

노래도 잘하고 춤도 잘 추고
얼굴도 예쁜 아이돌 가수를 보며…

"어쩜 저렇게 못하는 게 없을까.
재주는 홍길동이다."

No. 0574
고디탱
응시포켓몬
타입:에스퍼
키:0.4m 몸무게:5.8kg

같이 알아 두면 좋은 말

多才多能

많을 **다**　　재주 **재**　　많을 **다**　　능할 **능**

재주와 능력이 많다는 뜻이에요.
잘 하는 게 이것저것 많은 사람에게 다재다능하다고 말해요.

No. 0955
하느라기
프릴포켓몬
타입:에스퍼
키:0.2m 몸무게:1.5kg

규칙을 완성하라!

빈칸에 들어갈 포켓몬을 <보기>에서 찾아 규칙을 완성해 보세요.

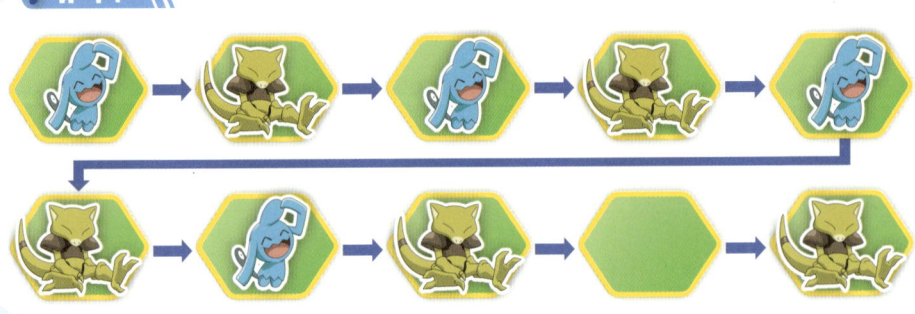

12장  벌레타입

재미있는 속담 쏙쏙

굼벵이도 구르는 재주가 있다

보잘것없어 보이는 굼벵이도 구르는 재주는 있다는 말로, 아무런 능력이 없어 보이는 사람도 잘하는 것이 있다는 뜻이에요.

No. 0213
단단지
발효포켓몬
타입: 벌레, 바위
키: 0.6m **몸무게:** 20.5kg

등껍질 속에 나무열매를 모아요. 그렇게 모은 나무열매를 체액과 섞어서 맛있는 주스를 만들어요.

이렇게 써요!

공부도 못하고 운동도 못해서 자주 놀리던 동생이 노래를 엄청 잘하는 것을 알았을 때…

"굼벵이도 구르는 재주가 있다더니 얕보면 안 되겠는걸?"

No. 0010
캐터피
애벌레포켓몬
타입: 벌레
키: 0.3m 몸무게: 2.9kg

같이 알아 두면 좋은 말

우렁이도 두렁 넘을 꾀가 있다

뜻이 같은 속담이에요.
비슷한 속담으로 '굼벵이도 꾸부리는 재주가 있다'도 있어요.

No. 0165
레디바
별다섯포켓몬
타입: 벌레, 비행
키: 1.0m 몸무게: 10.8kg

재미있는 속담 쏙쏙

벼룩의 간을 내먹는다

아주 작은 벼룩의 간마저 빼내어 먹는다는 말로, 몹시 어려운 처지에 있는 사람을 도와주기는커녕, 그 사람의 작은 이익까지 빼앗는다는 말이에요.

No. 0824
두루지벌레
유충포켓몬
타입: 벌레
키: 0.4m 몸무게: 8.0kg

힘이 세지는 않지만, 언제나 부지런히 주변의 정보를 모으는 아주 똑똑한 포켓몬이에요.

이렇게 써요!

누나가 내 전 재산인 1,000원을 빌려 달라고 억지를 부릴 때…

"누나! 벼룩의 간을 내먹어. 나도 돈 없단 말이야."

No. 0193
왕자리
얇은날개포켓몬
타입: 벌레, 비행
키: 1.2m **몸무게**: 38.0kg

 ## 같이 알아 두면 좋은 말

모기 다리에서 피 뺀다

뜻이 같은 속담이에요.
비슷한 속담으로 '참새 앞정강이를 긁어 먹는다'도 있어요.

No. 0664
분이벌레
가루뿜기포켓몬
타입: 벌레
키: 0.3m **몸무게**: 2.5kg

재미있는 속담 쏙쏙

지렁이도 밟으면 꿈틀한다

보잘것없어 보이는 지렁이도 밟히면 꿈틀거려요. 이처럼 약하거나 순한 사람도 너무 업신여기면 가만있지 않고 화를 낸다는 뜻이에요.

No. 0265

개무소
애벌레포켓몬

타입: 벌레
키: 0.3m **몸무게:** 3.6kg

잎사귀를 아주 좋아해요. 찌르꼬에게 습격을 당하면, 엉덩이에 있는 가시로 물리쳐요.

이렇게 써요!

한 번도 화를 낸 적이 없던
친구가 참다못해 화를 내자…

"지렁이도 밟으면 꿈틀한다더니,
쟤가 저렇게 화내는 건 처음 봐."

No. 0767
꼬시레
주행포켓몬
타입: 벌레, 물
키: 0.5m 몸무게: 12.0kg

같이 알아 두면 좋은 말

窮 鼠 齧 猫

다할 궁   쥐 서   물 설   고양이 묘

궁지에 몰린 쥐가 고양이를 문다는 뜻으로, 궁지에 몰리면 약자도
강자에게 필사적으로 맞선다는 뜻이에요.

No. 0127
쁘사이저
뿔집게포켓몬
타입: 벌레
키: 1.5m 몸무게: 55.0kg

재미있는 속담 쏙쏙

벼룩도 낯짝이 있다

낯짝은 얼굴을 속되게 이르는 말로, 여기서는 체면을 뜻해요. 작은 벼룩에게도 체면이 있는데, 하물며 사람은 체면이 없으면 안 된다는 말이에요.

No. 0540
두르보
재봉포켓몬
타입: 벌레, 풀
키: 0.3m **몸무게**: 2.5kg

나뭇잎을 갉아 옷을 만들 때, 모아머가 입혀 줬던 잎사귀 옷을 본받아서 비슷하게 흉내 내요.

이렇게 써요!

뉴스에 나온 범죄자가 자기 잘못은 하나도 없다고 변명하는 것을 보았을 때…

"벼룩도 낯짝이 있는데, 사람이 저렇게 뻔뻔하다니 용서할 수 없어!"

No. 0046
파라스
버섯포켓몬
타입: 벌레, 풀
키: 0.3m 몸무게: 5.4kg

같이 알아 두면 좋은 말

破 廉 恥 漢

깨뜨릴 파   청렴할 렴   부끄러울 치   사나이 한

파렴치는 염치를 모르고 뻔뻔하다는 뜻으로, 체면이나 부끄러움을 모르는 사람에게 쓰는 말이에요.

No. 0917
타랜툴라
실타래포켓몬
타입: 벌레
키: 0.3m 몸무게: 4.0kg

재미있는 속담 쏙쏙

빈대 잡으려고 초가삼간 태운다

빈대를 잡겠다고 불을 피우다가 집까지 태운다는 말이에요.
자신이 입을 큰 손해를 생각하지 못하고,
당장 코앞의 못마땅한 일을 해결하려 덤비는 것을 뜻해요.

No. 0204
피콘
도롱이벌레포켓몬
타입: 벌레
키: 0.6m 몸무게: 7.2kg

나무껍질을 짜 맞춰서 껍질을 두껍게 하는 것을 좋아해요. 나무열매와 생김새가 똑 닮았어요.

이렇게 써요!

친구가 옷에 붙은 껌을 떼겠다고 커터 칼을 쓰다가 옷을 찢고 말았을 때…

"빈대 잡으려고 초가삼간 태우네. 껌 떼는 방법을 모르면 물어보지 그랬어."

No. 0919
콩알뚜기
메뚜기포켓몬
타입: 벌레
키: 0.2m 몸무게: 1.0kg

같이 알아 두면 좋은 말

小貪大失

작을 **소**   탐할 **탐**   큰 **대**   잃을 **실**

작은 것을 탐하다가 큰 것을 잃는다는 뜻이에요.

No. 0123
스라크
버마재비포켓몬
타입: 벌레, 비행
키: 1.5m 몸무게: 56.0kg

재미있는 속담 쏙쏙

자는 벌집 건드린다

벌집을 괜히 건드렸다가 벌에 쏘일 수 있듯이,
그대로 두면 별일 없었을 것을
공연히 건드려서 문제를 일으킬 때 쓰는 말이에요.

No. 0416
비퀸
벌집포켓몬
타입: 벌레, 비행
키: 1.2m 몸무게: 38.5kg

몸통 안에 새끼들을 넣어 키워요. 여러 페로몬을 내뿜어서 새끼들을 자유롭게 조종해요.

이렇게 써요!

쉬고 있는 길고양이에게
간식을 준다고 다가갔다가
물릴 뻔한 친구를 보고…

"자는 벌집 왜 건드려?
쉬게 내버려 둬."

No. 0415
세꿀버리
꼬마벌포켓몬
타입: 벌레, 비행
키: 0.3m 몸무게: 5.5kg

 같이 알아 두면 좋은 말

宿 虎 衝 鼻
잘 숙   범 호   찌를 충   코 비

뜻이 비슷한 사자성어로,
자는 호랑이의 코를 찌른다는 말이에요.

No. 0742
에블리
재니등에포켓몬
타입: 벌레, 페어리
키: 0.1m 몸무게: 0.2kg

알쏭달쏭 OX 퀴즈

포켓몬에 대한 설명을 꼼꼼히 읽고 맞으면 ○, 틀리면 X 에 표시하세요.

개무소

개무소는 잎사귀를 보면 도망가요.

두르보

두르보의 옷은 나뭇잎을 갉아서 만든 거예요.

비퀸

비퀸은 자기 몸통 안에 새끼들을 키워요.

단단지

단단지는 등껍질 속에 나무열매를 모아요.

13장 바위타입

재미있는 속담 쏙쏙

공든 탑이 무너지랴

공들여 튼튼하게 쌓은 탑은 쉽게 무너지지 않아요.
이처럼 정성을 쏟은 일에는
그만큼 보람 있는 결과가 따른다는 뜻이에요.

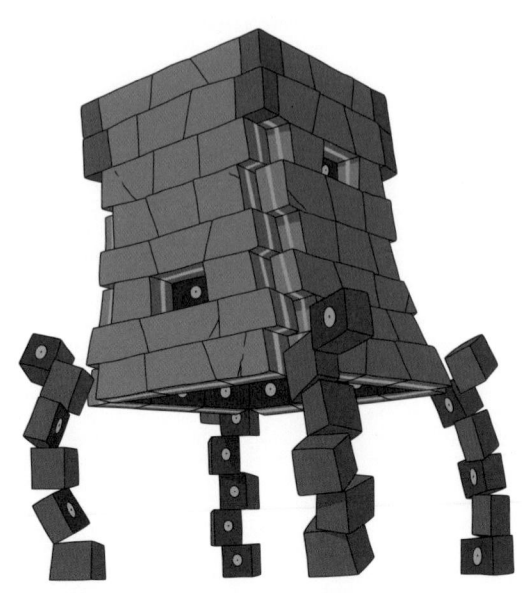

No. 0805
차곡차곡
돌담포켓몬
타입: 바위, 강철
키: 5.5m 몸무게: 820.0kg

주로 울트라홀에 나타나요. 여러 개의 생명이 쌓여 한 마리를 형성하고 있다고 알려져 있어요.

이렇게 써요!

도미노 블록을 세우다 지친 동생을 격려하며…

"곧 멋진 도미노가 완성될 거야. 공든 탑이 무너지겠어?"

No. 0719
디안시
보석포켓몬
타입: 바위, 페어리
키: 0.7m 몸무게: 8.8kg

같이 알아 두면 좋은 말

誠 心 誠 意

정성 성   마음 심   정성 성   뜻 의

참되고 성실한 마음과 뜻을 이르는 말이에요.

No. 0438
꼬지지
분재포켓몬
타입: 바위
키: 0.5m 몸무게: 15.0kg

재미있는 속담 쏙쏙

굴러온 돌이 박힌 돌 뺀다

새로 들어온 사람이 이미 자리 잡고 있던 사람을 내쫓고 그 자리를 차지하거나, 그 사람을 해치려 할 때 쓰는 말이에요.

No. 0075

데구리

암석포켓몬

타입: 바위, 땅
키: 1.0m 몸무게: 105.0kg

걸음이 늦어서 데굴데굴 굴러다녀요. 구르는 중에 무슨 일이 생기더라도 신경 쓰지 않아요.

이렇게 써요!

전학생이 우리 반에서 가장 인기 있었던 친구를 선거에서 이기고 새로운 반장이 되었을 때…

"굴러온 돌이 박힌 돌 뺀다더니 정말 뜻밖이야."

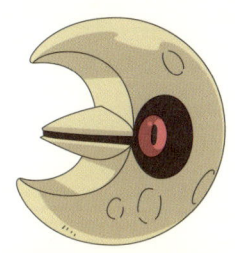

No. 0337
루나톤
별똥별포켓몬
타입: 바위, 에스퍼
키: 1.0m 몸무게: 168.0kg

 ## 같이 알아 두면 좋은 말

主客顚倒

주인 주   손 객   넘어질 전   거꾸로 도

주인과 손님의 위치가 바뀌었다는 뜻으로, 중요한 것과 부수적인 것의 순서가 뒤바뀌었음을 말해요.

No. 0932
베베솔트
암염포켓몬
타입: 바위
키: 0.4m 몸무게: 16.0kg

재미있는 속담 쏙쏙

돌다리도
두들겨 보고 건너라

튼튼해 보이는 돌다리도 위험할 수 있으니 조심히 건너라는 말로, 잘 아는 일이라도 방심하지 말고 항상 주의를 하라는 뜻이에요.

No. 0074
꼬마돌
암석포켓몬
타입: 바위, 땅
키: 0.4m 몸무게: 20.0kg

가만히 있는 꼬마돌은 돌멩이로 착각하기 쉬워요. 누군가 무심코 밟으면 주먹을 휘둘러요.

이렇게 써요!

횡단보도에서 신호등이 파란불로
바뀌자 바로 건너려는 친구에게…

"건너기 전에 좌우를 한번 살펴보자.
돌다리도 두들겨 보고 건너라잖아."

No. 0950
절벼게
매복포켓몬
타입:바위
키:1.3m 몸무게:79.0kg

같이 알아 두면 좋은 말

深 思 熟 考

깊을 **심**   생각 **사**   익을 **숙**   상고할 **고**

깊이 잘 생각한다는 뜻이에요. 어떤 일에 대해 무척 신중하게 내린
결정을 '심사숙고 끝에 내린 결정'이라고 말해요.

No. 0744
암멍이
강아지포켓몬
타입:바위
키:0.5m 몸무게:9.2kg

재미있는 속담 쏙쏙

모난 돌이 정 맞는다

정은 돌에 구멍을 내거나 돌을 다듬을 때 쓰는 못이에요. 둥글지 않은 돌이 정을 맞듯이, 성격이 꼿꼿한 사람은 남에게 미움을 받기 쉽다는 뜻이에요.

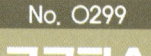

No. 0299
코코파스
컴퍼스포켓몬
타입: 바위
키: 1.0m 몸무게: 97.0kg

코의 강력한 자석으로 먹이를 끌어당겨요. 이 자석은 절대로 고장 나지 않아요.

이렇게 써요!

정의감이 넘치는 친구가
친구들의 잘못을 매일 지적할 때…

"모난 돌 정 맞을라. 가끔 너그러움이
필요할 때도 있다고."

No. 0095
롱스톤
돌뱀포켓몬
타입: 바위, 땅
키: 8.8m 몸무게: 210.0kg

 ## 같이 알아 두면 좋은 말

矗 石 逢 釘

우거질 촉   돌 석   만날 봉   못 정

뜻이 같은 사자성어예요. 너무 뛰어나거나 별난 사람은 주변 사람들에게
미움받기 쉽다는 뜻도 있어요.

No. 0837
탄동
석탄포켓몬
타입: 바위
키: 0.3m 몸무게: 12.0kg

재미있는 속담 쏙쏙

구르는 돌은 이끼가 안 낀다

습한 곳에 자라는 이끼는 계속 구르는 돌에 생기기 어려워요.
이처럼 부지런하게 노력하는 사람은
제자리에 머물러 있지 않고 계속 발전한다는 뜻이에요.

No. 0969
초롱순
광석포켓몬
타입: 바위, 독
키: 0.7m 몸무게: 8.0kg

동굴의 벽에서 영양분을 흡수하고, 독의 결정으로 만들어진 꽃잎을 둘러 몸을 보호해요.

이렇게 써요!

영어 단어를 매일
스무 개씩 외우며…

"구르는 돌은 이끼가 안 끼는 법!
매일 영어 단어를 공부하면
언젠가 영어를 잘하게 될 거야."

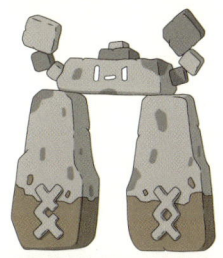

No. 0874
돌헨진
거석포켓몬
타입:바위
키:2.5m **몸무게**:520.0kg

 같이 알아 두면 좋은 말

흐르는 물은 썩지 않는다

뜻이 같은 속담이에요.
비슷한 속담으로 '고인 물에 이끼가 낀다'도 있어요.

No. 0688
거북손손
두손포켓몬
타입:바위, 물
키:0.5m **몸무게**:31.0kg

재미있는 속담 쏙쏙

달걀로 바위 치기

달걀로 단단한 바위를 치면 바위는 끄떡없지만 달걀은 산산조각이 나는 것처럼, 아무리 맞서도 도저히 이길 수 없는 상황을 이르는 말이에요.

No. 0076
딱구리
메가톤포켓몬

타입: 바위, 땅
키: 1.4m **몸무게**: 300.0kg

단단한 바위 껍질은 일 년에 한 번 탈피할 때 더욱 커져요. 벗겨진 바위 껍질은 흙으로 돌아가요.

이렇게 써요!

반 친구들과 열심히 줄다리기를 연습해서 덩치 큰 친구들이 많은 옆 반을 이겼을 때…

"달걀로 바위 치기인 줄 알았는데, 우리가 해냈어!"

No. 0248
마기라스
갑옷포켓몬
타입: 바위, 악
키: 2.0m 몸무게: 202.0kg

같이 알아 두면 좋은 말

衆寡不敵

무리 중 　적을 과 　아닐 부 　대적할 적

무리가 적으면 대적할 수 없다는 뜻으로,
적은 수로는 많은 수의 적을 상대하기 어렵다는 뜻이에요.

No. 0408
두개도스
박치기포켓몬
타입: 바위
키: 0.9m 몸무게: 31.5kg

이름을 완성해 줘!

글자를 연결하여 포켓몬의 이름을 완성해 주세요.

두개 　 코코 　 롱 　 베베

스톤 　 파스 　 솔트 　 도스

14장 | 고스트타입

재미있는 속담 쏙쏙

사람은 죽으면 이름을 남기고 범은 죽으면 가죽을 남긴다

호랑이가 죽으면 비싸고 귀한 가죽을 남기듯이 사람은 살아 있는 동안 훌륭한 일을 해서 후세에 명예를 떨쳐야 한다는 뜻이에요.

No. 0563
데스니칸
관포켓몬
타입: 고스트
키: 1.7m 몸무게: 76.5kg

몸이 황금으로 되어 있어 반짝거려요. 데스니칸은 기억 못하겠지만 예전에 인간이었어요.

이렇게 써요!

책에 기록된 수많은
독립운동가들의 이름을 보며…

"사람은 죽으면 이름을 남기고
범은 죽으면 가죽을 남긴다더니
정말 존경할 만한 분들이야."

No. 0708
나목령
그루터기포켓몬
타입:고스트, 풀
키:0.4m 몸무게:7.0kg

 같이 알아 두면 좋은 말

名 不 虛 傳

이름 명   아닐 불   빌 허   전할 전

이름이 헛되이 전해지지 않았다는 뜻으로,
명성이나 명예에는 그만한 까닭이 있다는 말이에요.

No. 0425
흔들풍손
풍선포켓몬
타입:고스트, 비행
키:0.4m 몸무게:1.2kg

재미있는 속담 쏙쏙

귀신이 곡할 노릇

곡은 제사나 장례를 지낼 때 사람들이 일정한 소리를 내며 우는 일을 말해요. 그런데 사람이 아닌 귀신이 곡하는 것처럼, 속내를 도무지 알 수 없는 기묘하고 신기한 일을 뜻하는 말이에요.

No. 0429
무우마직
매지컬포켓몬
타입: 고스트
키: 0.9m 몸무게: 4.4kg

울음소리가 주문처럼 들리기도 하지만, 상대를 행복하게 만드는 숨겨진 효과가 있어요.

이렇게 써요!

분명 딸기를 방금 전에 꺼내
식탁에 두었는데 사라져 있었을 때…

"귀신이 곡할 노릇이네.
분명 아까 냉장고에서 꺼냈는데."

No. 0200
무우마
야명포켓몬
타입:고스트
키:0.7m 몸무게:1.0kg

같이 알아 두면 좋은 말

귀신이 탄복할 노릇

뜻이 비슷한 속담으로,
귀신이 감탄할 만큼 묘하고 신통한 일을 가리키는 말이에요.

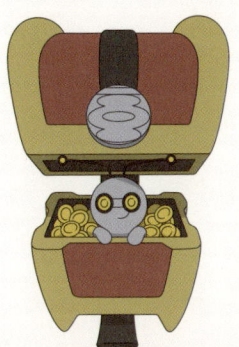

No. 0999
모으령(상자폼)
보물상자포켓몬
타입:고스트
키:0.3m 몸무게:5.0kg

재미있는 속담 쏙쏙

귀신 씻나락 까먹는 소리

씻나락은 볍씨를 이르는 말이에요.
분명하지 않게 우물우물 말하는 소리나
엉뚱하고 쓸데없는 말을 뜻해요.

No. 0778
따라큐(둔갑한 모습)
탈포켓몬
타입: 고스트, 페어리
키: 0.2m 몸무게: 0.7kg

빛이 들지 않는 어두운 곳에 살아요. 사람들 앞에는 피카츄를 본뜬 천으로 온몸을 가리고 나타나요.

이렇게 써요!

숙제를 다 했냐고 묻는 엄마의 질문에 우물거리면서 핑계를 대자…

"귀신 씻나락 까먹는 소리 하지 말고 솔직히 말하렴."

No. 0355
해골몽
마중포켓몬

타입:고스트
키:0.8m 몸무게:15.0kg

같이 알아 두면 좋은 말

東問西答

동녘 동   물을 문   서녘 서   답할 답

동쪽에서 물었는데 서쪽에서 답했다는 말로, 질문과 상관없는 엉뚱한 답을 한다는 뜻이에요.

No. 0092
고오스
가스포켓몬

타입:고스트, 독
키:1.3m 몸무게:0.1kg

재미있는 속담 쏙쏙

잘되면 제 탓
못되면 조상 탓

일이 잘되면 자신이 잘했다고 생각하고,
일이 잘못되면 책임을 남에게 돌리는
뻔뻔한 태도를 뜻하는 말이에요.

No. 0562
데스마스
영혼포켓몬
타입: 고스트
키: 0.5m 몸무게: 1.5kg

포켓몬으로 변한 사람의 영혼이에요. 가지고 있는 마스크는 사람이었을 때의 얼굴이라고 해요.

이렇게 써요!

자기가 공부를 안 해 놓고
나랑 게임을 하는 바람에 시험을
망쳤다고 토로하는 친구에게…

"잘 되면 제 탓 못 되면
조상 탓이라더니. 공부는
스스로 알아서 했어야지."

No. 0442
화강돌
봉인포켓몬
타입: 고스트, 악
키: 1.0m　몸무게: 108.0kg

 같이 알아 두면 좋은 말

厚顔無恥

두터울 후　낯 안　없을 무　부끄러울 치

얼굴이 두꺼워 부끄러움이 없다는 말로,
부끄러운 줄 모르고 뻔뻔한 사람에게 쓰는 말이에요.

No. 0971
망망이
유령개포켓몬
타입: 고스트
키: 0.6m　몸무게: 35.0kg

재미있는 속담 쏙쏙

핑계 없는 무덤이 없다

어떤 일이라도 핑계가 있다는 뜻으로, 잘못을 저질러 놓고도 변명할 거리를 만들어 책임을 피하려는 경우를 비꼴 때 주로 쓰여요.

No. 0354
다크펫
봉제인형포켓몬
타입: 고스트
키: 1.1m 몸무게: 12.5kg

원한을 품은 마음이 인형에 깃들어 포켓몬이 되었어요. 입에서 저주의 에너지가 나와요.

이렇게 써요!

약속 시간에 항상 늦는 친구가 비가 와서 늦었다고 당당히 말할 때…

"핑계 없는 무덤 없다더니, 미리 일기 예보를 보고 대비했어야지."

No. 0769
모래꿍
모래산포켓몬
타입: 고스트, 땅
키: 0.5m 몸무게: 70.0kg

 같이 알아 두면 좋은 말

有口無言

있을 유 　 입 구 　 없을 무 　 말씀 언

입은 있어도 말은 없다는 뜻으로, 변명할 말이 없거나 변명을 하지 못하는 것을 말해요.

No. 0353
어둠대신
인형포켓몬
타입: 고스트
키: 0.6m 몸무게: 2.3kg

재미있는 속담 쏙쏙

먹고 죽은 귀신이 때깔도 곱다

귀신이라도 잘 먹고 죽은 귀신이 겉모습도 좋다는 말로, 어떤 상황에 놓이든 잘 챙겨 먹는 게 중요하다는 뜻이에요.

No. 0710

호바귀

호박포켓몬

타입: 고스트, 풀
키: 0.4m 몸무게: 5.0kg

이승을 떠돌던 영혼은 호바귀의 몸속에 들어갔다가 저승으로 떠난다고 해요.

이렇게 써요!

열심히 공부하느라 끼니도 거르고 공부하는 형에게…

"형, 그래도 밥은 잘 챙겨 먹어야지. 먹고 죽은 귀신이 때깔도 곱다잖아."

No. 0607
불켜미
양초포켓몬
타입:고스트, 불꽃
키:0.3m 몸무게:3.1kg

 같이 알아 두면 좋은 말

珍 羞 盛 饌

보배 진   바칠 수   성할 성   반찬 찬

진수는 진귀하고 맛 좋은 음식을, 성찬은 풍성하게 차린 음식을 말해요. 푸짐하게 잘 차린 맛있는 음식이라는 뜻이에요.

No. 0854
데인차
홍차포켓몬
타입:고스트
키:0.1m 몸무게:0.2kg

고스트타입 포켓몬을 찾아라!

고오스와 따라큐, 데스마스를 찾아 ○ 하고, 각각 몇 마리인지 수를 적어 보세요.

15장  드래곤타입

재미있는 속담 쏙쏙

개천에서 용 난다

지저분한 개천에서 신성한 용이 나온 것처럼, 어렵고 고생스러운 환경에서도 이를 극복하고 성공한 훌륭한 인물이 등장했다는 뜻이에요.

No. 0149
망나뇽
드래곤포켓몬

타입: 드래곤, 비행
키: 2.2m **몸무게:** 210.0kg

몸집은 거대하지만 16시간만에 지구를 한 바퀴 돌 정도로 빠르게 날 수 있어요.

이렇게 써요!

가난해서 농구화도 사지 못했던
동네 형이 열심히 연습하여
국가대표 농구 선수가 되었을 때…

"우아, 형이 국가대표라고?
개천에서 용 난다더니
정말 대단해!"

No. 0704
미끄메라
연체포켓몬

타입: 드래곤
키: 0.3m　몸무게: 2.8kg

 같이 알아 두면 좋은 말

개똥밭에 인물 난다

뜻이 같은 속담이에요.
비슷한 속담으로 '시궁창에서 용이 났다'도 있어요.

No. 0643
레시라무
백양포켓몬

타입: 드래곤, 불꽃
키: 3.2m　몸무게: 330.0kg

재미있는 속담 쏙쏙

용 못 된 이무기

용이 되지 못한 이무기가 인간에게 심술부리듯, 따뜻한 마음이나 의리는 찾아볼 수 없고, 심술만 남아 남에게 피해만 입히는 사람을 뜻해요.

No. 0380
라티아스
무한포켓몬
- 타입: 드래곤, 에스퍼
- 키: 1.4m 몸무게: 40.0kg

온몸을 둘러싼 깃털은 빛을 굴절시키는 기능이 있어서, 라티아스가 눈에 보이지 않게 만들어요.

이렇게 써요!

반장이 되기 위해 열심히 노력했지만 결국 아쉽게 당선되지 못했을 때…

"친구들이 날 안 뽑아 줘서 섭섭하지만 용 못 된 이무기가 되지는 말자."

No. 0147
미뇽
드래곤포켓몬
타입: 드래곤
키: 1.8m 몸무게: 3.3kg

 같이 알아 두면 좋은 말

감기 고뿔도 남을 안 준다

감기조차 남에게 주지 않을 만큼
지나치게 재물이나 돈을 아낀다는 뜻이에요.

No. 0782
짜랑꼬
비늘포켓몬
타입: 드래곤
키: 0.6m 몸무게: 29.7kg

재미있는 속담 쏙쏙

용의 꼬리보다 닭의 머리가 낫다

크고 훌륭한 사람의 뒤를 쫓아다니거나 큰 집단의 아랫사람이 되는 것보다는 작고 보잘것없어도 우두머리 노릇을 하는 게 낫다는 말이에요.

No. 0443
딥상어동
육지상어포켓몬
타입: 드래곤, 땅
키: 0.7m **몸무게**: 20.5kg

구멍에 숨어 있다가 적이 지나가면 튀쳐나가 물어요. 너무 세게 물어서 이가 빠질 때도 있어요.

이렇게 써요!

사촌들 사이에서는 막내여서 기를 못 펴지만 우리 동네에서는 내가 제일 큰 형일 때…

"용의 꼬리보다 닭의 머리가 낫구나. 여기선 내가 대장이야!"

No. 0610
터검니
이빨포켓몬
타입: 드래곤
키: 0.6m 몸무게: 18.0kg

 같이 알아 두면 좋은 말

닭의 대가리가 소꼬리보다 낫다

뜻이 같은 속담이에요. 비슷한 속담으로 '닭의 입이 될지라도 소의 꼬리는 되지 말자'도 있어요.

No. 0381
라티오스
무한포켓몬
타입: 드래곤, 에스퍼
키: 2.0m 몸무게: 60.0kg

재미있는 속담 쏙쏙

용 가는 데 구름 간다

옛날 사람들은 용이 하늘로 올라가 구름을 일으킨다고 믿었어요. 이처럼 서로 아주 긴밀하여, 늘 떠나지 않고 같이 다니는 것을 말해요.

No. 0384
레쿠쟈
천공포켓몬
타입: 드래곤, 비행
키: 7.0m **몸무게**: 206.5kg

구름보다 더 높은 곳인 오존층에서 살아요. 그래서 땅에서는 모습이 보이지 않지요.

이렇게 써요!

같은 학교 같은 반이면서 학원도 같이 다니는 두 친구를 보면서…

"용 가는 데 구름 간다고 너희 둘은 정말 단짝이구나."

No. 0885
드라꼰
원망포켓몬
타입: 드래곤, 고스트
키: 0.5m 몸무게: 2.0kg

 ## 같이 알아 두면 좋은 말

범 가는 데 바람 간다

뜻이 같은 속담이에요.
비슷한 속담으로 '구름 갈 제 비가 간다'도 있어요.

No. 0621
크리만
동굴포켓몬
타입: 드래곤
키: 1.6m 몸무게: 139.0kg

재미있는 속담 쏙쏙

지렁이 용 되는 시늉한다

하찮은 지렁이가 용이 되고 싶다고
꿈꾼다는 뜻으로, 도저히 이룰 수 없는
허황된 꿈을 꾸는 것을 놀리는 말이에요.

No. 0978

싸리용(젖힌 모습)
의태포켓몬

타입: 드래곤, 물
키: 0.3m **몸무게**: 8.0kg

드래곤포켓몬 중에는 몸집이 아주 작아요. 어써러셔의 입안에 살면서 적으로부터 몸을 보호해요.

이렇게 써요!

자신의 장래 희망을 듣고
비웃었던 사람들을 떠올리며…

"두고 봐! 지렁이 용 되는
시늉한다고 놀리던 사람들에게
본때를 보여 줄거야."

No. 0718
지가르데(퍼펙트폼)
질서포켓몬
타입: 드래곤, 땅
키: 4.5m 몸무게: 610.0kg

같이 알아 두면 좋은 말

荒 唐 無 稽

거칠 **황**　　황당할 **당**　　없을 **무**　　헤아릴 **계**

황당하고 헤아리기 어렵다는 말로, 말이나 행동 따위가
터무니없다는 뜻이에요.

No. 0371
아공이
돌머리포켓몬
타입: 드래곤
키: 0.6m 몸무게: 42.1kg

초성을 보고 어떤 포켓몬인지 찾아 선으로 이어 준 뒤, 빈칸에 완성된 이름을 적어 주세요.

16장 악타입

재미있는 속담 쏙쏙

바늘 도둑이
소도둑 된다

처음에는 바늘처럼 작은 것을 훔치다가 나중에는 소처럼 큰 것까지 훔친다는 말로, 작은 나쁜 일이라도 자꾸 하다 보면 나중에는 큰 죄를 저지르게 된다는 뜻이에요.

No. 0509
쌔비냥
성악포켓몬
타입: 악
키: 0.4m 몸무게: 10.1kg

사람들이 곤란해하는 모습을 보기 위해서 물건을 훔쳐요. 훔처우와 라이벌 관계예요.

이렇게 써요!

자기 전에 양치했다고
거짓말을 한 아이를 혼내며…

"바늘 도둑이 소도둑 되는 거야.
작은 거짓말도 해서는 안 돼."

No. 0827
훔처우
여우포켓몬
타입:악
키:0.6m 몸무게:8.9kg

 ### 같이 알아 두면 좋은 말

바늘 쌈지에서 도둑이 난다

뜻이 같은 속담이에요.
쌈지는 바늘이나 돈 등을 싸서 가지고 다니는 작은 주머니를 뜻해요.

No. 0942
오라티프
애송이포켓몬
타입:악
키:0.5m 몸무게:16.0kg

재미있는 속담 쏙쏙

남의 눈에 눈물 내면 제 눈에는 피눈물이 난다

몹시 슬프고 분하여 나는 눈물을 피눈물이라고 해요. 다른 사람에게 상처를 준 사람은 언젠가 더 큰 상처를 돌려받게 된다는 뜻이에요.

No. 0491
다크라이
암흑포켓몬

타입:악
키:1.5m 몸무게:50.5kg

사람들을 깊은 잠으로 유인해서 꿈을 꾸게 하는 능력이 있어요. 신월이 뜨는 밤에 활동해요.

이렇게 써요!

같은 반 학생을 따돌리는 못된 학생들에게…

"남의 눈에 눈물 내면 제 눈에는 피눈물 난다. 그러다 벌받아."

No. 0359
앱솔
재난포켓몬
타입: 악
키: 1.2m 몸무게: 47.0kg

같이 알아 두면 좋은 말

自 業 自 得

스스로 자   업 업   스스로 자   얻을 득

자기가 저지른 일의 결과를 자기가 받는다는 뜻으로, 자기 잘못으로 안 좋은 일을 스스로 당했을 때 써요.

No. 0570
조로아
나쁜여우포켓몬
타입: 악
키: 0.7m 몸무게: 12.5kg

재미있는 속담 쏙쏙

달면 삼키고 쓰면 뱉는다

무엇이 옳고 그른지 보다 자기에게 이익이 되는지만 생각하며 이기적으로 행동하는 것을 일컫는 말이에요.

No. 0560
곤율거니
악당포켓몬
타입: 악, 격투
키: 1.1m **몸무게**: 30.0kg

자신의 영역을 침범하면 집단으로 공격해요. 거칠고 난폭하지만, 가족과 동료를 소중히 여겨요.

이렇게 써요!

친구에게 도움을 받아 놓고 막상 그 친구가 도와 달라고 하자 귀찮아하는 동생을 보고…

"달면 삼키고 쓰면 뱉기냐? 도움을 받았으면 갚아야지."

No. 0559
곤율랭
탈피포켓몬
타입: 악, 격투
키: 0.6m 몸무게: 11.8kg

같이 알아 두면 좋은 말

甘 吞 苦 吐

달 감 삼킬 탄 쓸 고 토할 토

뜻이 같은 사자성어예요. 자신에게 이익이 안 되면 가치 없이 배신하는 사람에게 감탄고토의 자세를 버리라고 말할 수 있어요.

No. 0430
돈크로우
큰형님포켓몬
타입: 악, 비행
키: 0.9m 몸무게: 27.3kg

재미있는 속담 쏙쏙

눈 가리고 아웅

얕은수로 남을 속이려고 한다는 말이에요.
어떤 일에 대해서 다 알고 있으면서
짐짓 모르는 체할 때도 많이 써요.

No. 0302
메가깜까미
어둠포켓몬

타입: 악, 고스트
키: 0.5m 몸무게: 161.0kg

메가진화의 영향을 받아 가슴의 보석이 매우 커졌어요. 이 보석은 어떤 공격도 튕겨 내요.

이렇게 써요!

노약자석에 앉아 잠든 척하는 청년에게…

"눈 가리고 아옹 하지 말고 어르신께 자리를 양보하세요!"

No. 0302
깜까미
어둠포켓몬
타입: 악, 고스트
키: 0.5m 몸무게: 11.0kg

같이 알아 두면 좋은 말

羊 頭 狗 肉
양 양   머리 두   개 구   고기 육

비싼 양의 머리를 두고 값싼 개고기를 판다는 뜻으로, 겉보기와 달리 속이 변변하지 않을 때 쓰는 말이에요.

No. 0215
포푸니
갈고리손톱포켓몬
타입: 악, 얼음
키: 0.9m 몸무게: 28.0kg

재미있는 속담 쏙쏙

꼬리가 길면 밟힌다

꼬리가 긴 짐승은 잽싸게 도망친다고 하더라도 꼬리가 밟혀 쉽게 잡히게 될 거예요. 이처럼 나쁜 짓을 오랫동안 계속하면 결국 들키고 만다는 뜻이에요.

No. 0859
메롱꿍
꾀부리기포켓몬
타입: 악, 페어리
키: 0.4m 몸무게: 5.5kg

부정한 감정을 흡수하지 못하면 짜증이 나기 때문에 일부러 상대에게 짓궂은 장난을 쳐요.

이렇게 써요!

화장실에서 내가 아끼는 립밤을 몰래 바르는 언니와 눈이 마주쳤을 때…

"꼬리가 길면 밟힌다더니, 어쩐지 립밤이 빠르게 줄어들더라."

No. 0228
델빌
다크포켓몬
타입: 악, 불꽃
키: 0.6m 몸무게: 10.8kg

같이 알아 두면 좋은 말

勸 善 懲 惡

권할 **권**   착할 **선**   징계할 **징**   악할 **악**

선을 권하고 악을 벌한다는 뜻이에요.
악당이 벌을 받는 이야기를 두고 '권선징악의 성격을 띄고 있다'고 말해요.

No. 0261
포챠나
물어뜯기포켓몬
타입: 악
키: 0.5m 몸무게: 13.6kg

포켓몬 도감 꼼꼼 체크!

누군가 포켓몬 도감에 장난을 쳤어요. 도감 정보를 꼼꼼히 살펴보고 잘못된 부분을 찾아 ○ 해 주세요.

No. 0509
쌔비냥
도롱뇽포켓몬
타입: 악 키: 0.4m 몸무게: 10.1kg
훔처우와 라이벌 관계예요.

No. 0560
곤율거니
악당포켓몬
타입: 악, 격투 키: 1.1m 몸무게: 30kg
태양빛을 에너지로 쓸 수 있어요.

No. 0859
메롱꿍
꾀부리기포켓몬
타입: 전기 키: 0.4m 몸무게: 5.5kg
상대에게 일부러 짓궂은 장난을 쳐요.

No. 0302
메가깜까미
어둠포켓몬
타입: 악, 비행 키: 0.5m 몸무게: 161kg
거대한 보석으로 상대방의 공격을 튕겨 내요.

17장  강철타입

재미있는 속담 쏙쏙

믿는 도끼에 발등 찍힌다

익숙하게 쓰던 도끼라도 잘못하면 발등을 찍힐 수 있어요. 이처럼 잘될거라고 믿고 있던 일이 어긋나거나 믿었던 사람에게 배신 당했을 때 쓰는 말이에요.

No. 0303
입치트
배반포켓몬
타입: 강철, 페어리
키: 0.6m 몸무게: 11.5kg

머리에 있는 큰 턱은 변형된 뿔이에요. 철골이 끊어질 정도로 무는 힘이 강해요.

이렇게 써요!

가위를 내겠다고 약속한 친구가
보자기를 낸 것을 보고…

"네 말 듣고 바위를 냈는데
완전 믿는 도끼에 발등 찍혔잖아."

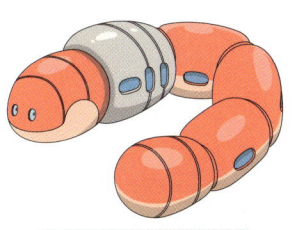

No. 0968
꿈트렁
지렁이포켓몬
타입: 강철
키: 2.5m 몸무게: 310.0kg

 같이 알아 두면 좋은 말

口 蜜 腹 劍

입 구   꿀 밀   배 복   칼 검

입에 꿀이 있고 배에 칼이 있다는 말로, 겉으로는 친한 척하지만
속으로는 해칠 생각을 한다는 뜻이에요.

No. 0227
무장조
갑옷새포켓몬
타입: 강철, 비행
키: 1.7m 몸무게: 50.5kg

재미있는 속담 쏙쏙

쇠붙이도 늘 닦지 않으면 빛을 잃는다

능력이 매우 뛰어난 사람이라 할지라도
꾸준히 그 능력을 갈고닦지 않거나 배우는 일을 소홀히 하면
뒤떨어질 수 있다는 뜻이에요.

No. 0483
디아루가
시간포켓몬
타입: 강철, 드래곤
키: 5.4m 몸무게: 683.0kg

시간을 조종하는 힘을 가졌어요. 신오지방에서는 신이라고 불리며 신화에도 등장해요.

이렇게 써요!

작년까지만 해도 리코더를 잘 불었는데 연습을 하지 않아 이제는 못할 때…

"쇠붙이도 늘 닦지 않으면 빛을 잃는구나."

No. 0801
마기아나
인조포켓몬
타입: 강철, 페어리
키: 1.0m 몸무게: 80.5kg

같이 알아 두면 좋은 말

修 身 齊 家

닦을 수　　몸 신　　가지런할 제　　집 가

몸과 마음을 닦아 수양하고 집안을 다스린다는 뜻이에요.
자신을 먼저 다스려야 가정을 정돈시킬 수 있다는 뜻도 있어요.

No. 0878
끼리동
동상포켓몬
타입: 강철
키: 1.2m 몸무게: 100.0kg

재미있는 속담 쏙쏙

호미로 막을 것을 가래로 막는다

호미와 가래는 둘 다 농기구로, 가래가 호미보다 훨씬 커요. 적은 힘을 들여도 충분히 처리할 수 있는 일에 불필요하게 큰 힘을 쓴다는 뜻이에요.

No. 0385
지라치
희망사항포켓몬
타입: 강철, 에스퍼
키: 0.3m **몸무게:** 1.1kg

1000년 중 유일하게 깨어나는 7일 동안, 모든 소원을 이뤄 주는 능력을 발휘해요.

이렇게 써요!

화장실 쓰레기를 쓰레기통에 버리는 것이 귀찮아 변기에 버렸다가 변기가 막혔을 때…

"에구, 호미로 막을 것을 가래로 막으려다가 고장을 냈네."

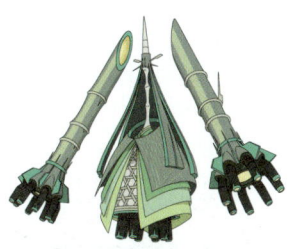

No. 0797

철화구야

쏴올리기포켓몬

타입: 강철, 비행
키: 9.2m **몸무게**: 999.9kg

 ## 같이 알아 두면 좋은 말

後 悔 莫 及

뒤 **후**   뉘우칠 **회**   아닐 **막**   미칠 **급**

이미 잘못된 뒤에 아무리 후회해도 다시 어찌할 도리가 없다는 뜻이에요.

No. 0599

기어르

톱니바퀴포켓몬

타입: 강철
키: 0.3m **몸무게**: 21.0kg

재미있는 속담 쏙쏙

칼을 뽑았으면 무라도 잘라야지

무언가를 자르기 위해 칼을 뽑았으면 하다못해 무라도 잘라야 한다는 뜻으로, 어떤 일을 하고자 결심을 했으면 포기하지 말고 해 보아야 한다는 말이에요.

No. 0679
단칼빙
도검포켓몬
타입: 강철, 고스트
키: 0.8m 몸무게: 2.0kg

단칼빙의 영혼은 옛날 칼에 의해 죽은 인간의 것이에요. 낡은 천으로 사람의 생기를 빨아들여요.

이렇게 써요!

오래달리기를 하는 도중
숨이 차서 포기하고
싶어 하는 친구에게…

"칼을 뽑았으면 무라도 잘라야지.
늦더라도 완주는 해 보자."

No. 0965
부르롱
단기통포켓몬
타입: 강철, 독
키: 1.0m 몸무게: 35.0kg

같이 알아 두면 좋은 말

背水之陣

등 배   물 수   갈 지   진 칠 진

전쟁에서 강이나 바다를 등지고 진을 친다는 말로,
어떤 목표를 이루기 위해 더 이상 물러설 수 없다는 뜻이에요.

No. 0304
가보리
철갑옷포켓몬
타입: 강철, 바위
키: 0.4m 몸무게: 60.0kg

재미있는 속담 쏙쏙

자라 보고 놀란 가슴 솥뚜껑 보고 놀란다

자라를 보고 놀라면 비슷하게 생긴 솥뚜껑만 봐도 놀란다는 말로, 어떤 일에 충격을 받으면 그와 비슷한 것만 봐도 지레 겁을 먹는다는 뜻이에요.

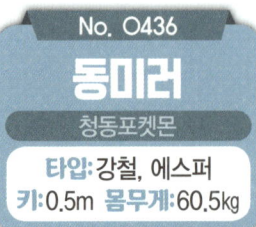

No. 0436
동미러
청동포켓몬
타입: 강철, 에스퍼
키: 0.5m **몸무게:** 60.5kg

오래된 묘에서 발견돼요. 옛날 사람들은 동미러의 등 무늬에 신비한 힘이 깃들어 있다고 믿었어요.

이렇게 써요!

거대한 거미가 달려드는
악몽을 꾼 뒤 방 안에 놓인
검정 가방을 보고 놀라며…

"깜짝이야! 자라 보고 놀란 가슴
솥뚜껑 보고 놀란다더니
꿈에서 나온 거미인 줄 알았네."

No. 0808
멜탄
너트포켓몬
타입: 강철
키: 0.2m 몸무게: 8.0kg

 같이 알아 두면 좋은 말

불에 놀란 놈이
부지깽이만 보아도 놀란다

뜻이 같은 속담이에요.
부지깽이는 아궁이 따위에 불을 땔 때 쓰는 가느스름한 막대기예요.

No. 0707
클레피
열쇠꾸러미포켓몬
타입: 강철, 페어리
키: 0.2m 몸무게: 3.0kg

규칙에 따라 길 찾기

지라치가 디아루가를 만날 수 있도록 길을 찾아 주세요.
<보기>의 규칙에 따라 가야만 목적지에 도착할 수 있어요.

보기

몬스터볼 → 슈퍼볼 → 하이퍼볼

18장 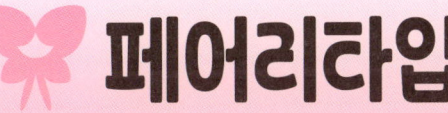 페어리타입

재미있는 속담 쏙쏙

신선놀음에 도낏자루 썩는 줄 모른다

한 나무꾼이 신선들 노는 것을 구경하다 정신을 차려 보니 도낏자루가 썩을 정도로 오랜 세월이 흘러 있었다는 이야기에서 비롯된 말이에요. 어떤 일에 너무 열중해 시간 가는 것을 모를 때 쓰는 말이에요.

No. 0671
플라제스
가든포켓몬
타입: 페어리
키: 1.1m 몸무게: 10.0kg

자신의 영역에 멋진 화원을 만들어요. 이 화원에는 몸과 마음을 치유하는 힘이 있어요.

이렇게 써요!

친구들과 게임을 하느라
아이스크림을 식탁 위에
놓아둔 것을 깜박했을 때…

"신선놀음에 도낏자루 썩는 줄
모른다더니, 아이스크림이
다 녹아 버렸잖아."

No. 0764
큐아링
꽃따기포켓몬
타입: 페어리
키: 0.1m 몸무게: 0.3kg

같이 알아 두면 좋은 말

無 我 之 境

없을 무　　나 아　　어조사 지　　지경 경

내가 없는 지경이라는 뜻으로, 정신이 한곳에 쏠려 스스로를 잊는
경지를 가리키는 말이에요.

No. 0985
우렁찬꼬리
패러독스포켓몬
타입: 페어리, 에스퍼
키: 1.2m 몸무게: 8.0kg

재미있는 속담 쏙쏙

도깨비에
홀린 것 같다

도깨비에게 정신을 빼앗긴 듯이 일이 어떻게 돌아가는지
전혀 몰라 정신을 차릴 수 없다는 뜻이에요.
황당하거나 도무지 이해가 되지 않는 일을 가리킬 때 많이 써요.

No. 0700
님피아
연결포켓몬
타입:페어리
키:1.0m **몸무게**:23.5kg

리본처럼 생긴 더듬이로 치유의 파동을 보내요. 이 파동은 상대방의 나쁜 마음을 없애 줘요.

이렇게 써요!

혼자 먹기에 양이 많은
딸기 케이크를 나도 모르게
다 먹어 버렸을 때…

"이걸 내가 어떻게 다 먹었지?
도깨비에 홀린 것 같아."

No. 0036
픽시
요정포켓몬
타입:페어리
키:1.3m **몸무게**:40.0kg

같이 알아 두면 좋은 말

茫然自失

아득할 **망**   그러할 **연**   스스로 **자**   잃을 **실**

멍하니 정신을 잃었다는 뜻으로, 어떤 일을 어떻게
해결해야 할지 몰라 넋이 나간 모습을 가리킬 때 많이 써요.

No. 0209
블루
요정포켓몬
타입:페어리
키:0.6m **몸무게**:7.8kg

재미있는 속담 쏙쏙

도깨비 대동강 건너듯

도깨비가 큰 강을 눈 깜짝할 새에 건너듯이 어떤 일이 어떻게 진행되었는지 보이지 않았으나 그 결과가 빨리 나타났다는 뜻이에요.

No. 0888

자시안(검왕)

강자포켓몬

타입: 페어리, 강철
키: 2.8m **몸무게:** 355.0kg

과거의 무기로 무장해서 온갖 것을 베어 버려요. 거다이맥스 포켓몬도 단칼에 벨 수 있어요.

이렇게 써요!

집 앞 마당에 씨앗을 뿌려 놓았는데 어느 날 보니 꽃이 피어 있을 때…

"우아, 도깨비 대동강 건너듯 빨리 자랐네."

No. 0957
어리짱
대장장이포켓몬
타입: 페어리, 강철
키: 0.4m 몸무게: 8.9kg

같이 알아 두면 좋은 말

速 戰 速 決

빠를 속   싸움 전   빠를 속   결단할 결

빨리 싸워 빨리 결단을 낸다는 말로,
어떤 일을 빨리 진행하여 끝낸다는 뜻이에요.

No. 0682
슈쁘
향수포켓몬
타입: 페어리
키: 0.2m 몸무게: 0.5kg

재미있는 속담 쏙쏙

웃는 집에 복이 있다

집안이 화목하여 웃음이 가득한 집에는 행복이 찾아들게 된다는 말이에요. 많이 웃을수록 좋은 감정이 샘솟아 나고 자연스레 행복이 찾아온다는 뜻이지요.

No. 0175
토게피
바늘알포켓몬
타입: 페어리
키: 0.3m 몸무게: 1.5kg

껍질 안에 많은 행복이 가득 차 있어서 상냥한 사람에게 행복을 나눠 줘요.

이렇게 써요!

근심이 있는 듯 인상을
쓰고 있는 친구에게…

"웃는 집에 복이 온다잖아.
활짝 웃어 봐. 기분이 나아질 거야."

No. 0669
플라베베
한송이포켓몬
타입: 페어리
키: 0.1m 몸무게: 0.1kg

같이 알아 두면 좋은 말

拍　掌　大　笑

칠 박　　손바닥 장　　큰 대　　웃음 소

박수를 치며 크게 웃는다는 뜻이에요.
'박소'라고 줄여서 말하기도 해요.

No. 0926
쫀도기
강아지포켓몬
타입: 페어리
키: 0.3m 몸무게: 10.9kg

토게피와 함께 모험을 떠나요!

출발

페어리타입 포켓몬을 모두 만나고 피카츄에게 도착할 수 있도록 길을 찾아보세요!

▲22쪽

▲34쪽

▲50쪽

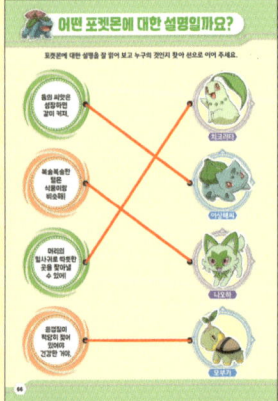

▲66쪽

▲78쪽

▲88쪽

▲98쪽

▲110쪽

▲124쪽

▲138쪽

▲152쪽

▲166쪽

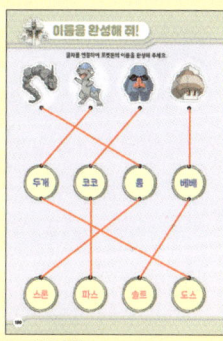
▲180쪽

▲194쪽

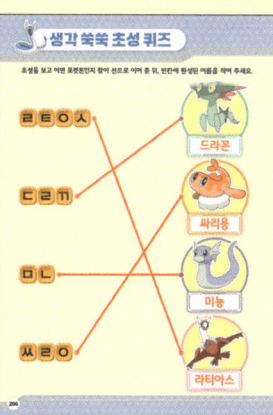
▲206쪽

▲218쪽

- 쌔비냥은 성악포켓몬이에요.
- 곤율거니는 태양빛을 에너지로 쓸 수 없어요.
- 메룽꿍의 타입은 악과 페어리예요.
- 메가깜까미의 타입은 악과 고스트예요.

▲230쪽

▲240쪽

243

속담 찾아보기

ㄱ

가는 떡이 커야 오는 떡이 크다 ... 7
가는 말이 고와야 오는 말이 곱다 ... 6
가랑잎이 솔잎더러 바스락거린다고 한다 ... 56
가시나무에 가시가 난다 ... 119
가재는 게 편 ... 42
가지 많은 나무에 바람 잘 날이 없다 ... 58
감기 고뿔도 남을 안 준다 ... 199
개구리 올챙이 적 생각 못 한다 ... 38
개똥밭에 인물 난다 ... 197
개천에서 용 난다 ... 196
겨울이 지나지 않고 봄이 오랴 ... 80
고래 싸움에 새우 등 터진다 ... 46
고양이 목에 방울 달기 ... 55
공든 탑이 무너지랴 ... 168
공짜라면 당나귀도 잡아먹는다 ... 103
공짜라면 양잿물이라도 먹는다 ... 102
구르는 돌은 이끼가 안 낀다 ... 176
굳은 땅에 물이 괸다 ... 112
굴러온 돌이 박힌 돌 뺀다 ... 170
굼벵이도 구르는 재주가 있다 ... 154
굿이나 보고 떡이나 먹지 ... 140
귀신 씻나락 까먹는 소리 ... 186
귀신이 곡할 노릇 ... 184
귀신이 탄복할 노릇 ... 185
귀에 걸면 귀걸이 코에 걸면 코걸이 ... 147
까마귀 날자 배 떨어진다 ... 126
꼬리가 길면 밟힌다 ... 216
꿀은 달아도 벌은 쏜다 ... 108
꿈보다 해몽이 좋다 ... 146
꿩 먹고 알 먹는다 ... 128

ㄴ

남의 눈에 눈물 내면 제 눈에는 피눈물이 난다 ... 210
남의 싸움에 칼 빼기 ... 94
남의 잔치에 감 놓아라 배 놓아라 한다 ... 95
남의 호박에 말뚝 박기 ... 121
낮말은 새가 듣고 밤말은 쥐가 듣는다 ... 130
누워서 떡 먹기 ... 115
눈 가리고 아웅 ... 214
눈 집어 먹은 토끼 다르고 얼음 집어 먹은 토끼 다르다 ... 86

ㄷ

달걀로 바위 치기 ... 178
달면 삼키고 쓰면 뱉는다 ... 212
닭 잡아 먹고 오리발 내놓기 ... 132
닭의 대가리가 소꼬리보다 낫다 ... 201
도깨비 대동강 건너듯 ... 236
도깨비에 홀린 것 같다 ... 234
독사 아가리에 손가락을 넣는다 ... 104
독으로 독을 친다 ... 100
돌다리도 두들겨 보고 건너라 ... 172
동무 사나워 뺨 맞는다 ... 75
동에 번쩍 서에 번쩍 ... 142
될성부른 나무는 떡잎부터 알아본다 ... 52
등잔 밑이 어둡다 ... 24
땅 짚고 헤엄치기 ... 114
떡 본 김에 제사 지낸다 ... 148
똥 묻은 개가 겨 묻은 개 나무란다 ... 57
뛰는 놈 위에 나는 놈 있다 ... 134

ㅁ

마른하늘에 날벼락	68
말이 씨가 된다	13
먹고 죽은 귀신이 때깔도 곱다	192
모기 다리에서 피 뺀다	157
모난 돌이 정 맞는다	174
모진 놈 옆에 있다가 벼락 맞는다	74
믿는 도끼에 발등 찍힌다	220
밑 빠진 독에 물 붓기	36

ㅂ

바늘 도둑이 소도둑 된다	208
바늘 쌈지에서 도둑이 난다	209
바람 앞의 등불	26
발 없는 말이 천 리 간다	12
방귀 뀐 놈이 성낸다	106
방귀가 잦으면 똥 싸기 쉽다	73
백지장도 맞들면 낫다	18
번개가 잦으면 천둥을 한다	72
범 가는 데 바람 간다	203
벼 이삭은 익을수록 고개를 숙인다	60
벼룩도 낯짝이 있다	160
벼룩의 간을 내먹는다	156
벽에도 귀가 있다	131
부지런한 농사꾼에게는 나쁜 땅이 없다	122
불난 집에 부채질한다	28
불에 놀란 놈이 부지깽이만 보아도 놀란다	229
비 온 뒤에 땅이 굳어진다	116
빈대 잡으려고 초가삼간 태운다	162
뿌리 없는 나무에 잎이 필까	31

ㅅ

사공이 많으면 배가 산으로 간다	44
사람 속은 천 길 물속이라	49
사람은 죽으면 이름을 남기고 범은 죽으면 가죽을 남긴다	182
사촌이 땅을 사면 배가 아프다	120
새끼 많이 둔 소 길마 벗을 날 없다	59
서당 개 삼 년에 풍월을 읊는다	14
선무당이 사람 잡는다	144
소 잃고 외양간 고친다	8
소매 긴 김에 춤춘다	149
쇠붙이도 늘 닦지 않으면 빛을 잃는다	222
신선놀음에 도낏자루 썩는 줄 모른다	232
싸움 잘하는 놈 매 맞아 죽는다	92

ㅇ

아니 땐 굴뚝에 연기 날까	30
언 발에 오줌 누기	82
업은 아이 삼 년 찾는다	25
여름에 먹자고 얼음 뜨기	84
열 길 물속은 알아도 한 길 사람의 속은 모른다	48
열 번 찍어 아니 넘어가는 나무 없다	62
오르지 못할 나무는 쳐다보지도 마라	54
용 가는 데 구름 간다	202
용 못 된 이무기	198
용의 꼬리보다 닭의 머리가 낫다	200
우렁이도 두렁 넘을 꾀가 있다	155
웃는 집에 복이 있다	238
원숭이도 나무에서 떨어진다	64
윗물이 맑아야 아랫물이 맑다	40

입에 쓴 약이 병에는 좋다 ······················· 10

ㅈ
자는 벌집 건드린다 ······························ 164
자라 보고 놀란 가슴 솥뚜껑 보고 놀란다 ···· 228
작은 고추가 더 맵다 ······························ 16
잘 되면 제 탓 못 되면 조상 탓 ··················· 188
재주는 홍길동이다 ······························· 150
주먹이 운다 ·· 96
지렁이 용 되는 시늉한다 ························ 204
지렁이도 밟으면 꿈틀한다 ······················ 158
폭박을 쓰고 벼락을 피하랴 ······················ 70

ㅊ
참새가 방앗간을 그저 지나랴 ··················· 136
천둥인지 지둥인지 모르겠다 ···················· 76
치 위에 치가 있다 ································· 135

ㅋ
칼을 뽑았으면 무라도 잘라야지 ················ 226
콩 볶아 먹다가 가마솥 터뜨린다 ················ 32
콩 심은 데 콩 나고 팥 심은 데 팥 난다 ········ 118

ㅍ
팔이 안으로 굽지 밖으로 굽나 ···················· 43
핑계 없는 무덤이 없다 ·························· 190

ㅎ
하늘이 무너져도 솟아날 구멍이 있다 ··········· 20
한번 엎지른 물은 다시 주워 담지 못한다 ······· 9
호랑이에게 물려가도 정신만 차리면 산다 ····· 21
호미로 막을 것을 가래로 막는다 ··············· 224
흐르는 물은 썩지 않는다 ······················· 177
흥정은 붙이고 싸움은 말리랬다 ················· 90

사자성어 찾아보기

ㄱ

각양각색	87
감탄고토	213
견물생심	137
겸양지덕	61
경전하사	47
고군분투	91
고진감래	109
구밀복검	221
궁서설묘	159
권선징악	217

ㄷ

다재다능	151
당구풍월	15
동문서답	187

ㅁ

만사휴의	37
망연자실	235
명불허전	183
무아지경	233
무지몽매	71

ㅂ

박장대소	239
배수지진	227
불철주야	123

ㅅ

사리사욕	33
산전수전	117
생무살인	145
설상가상	29
성심성의	169
소탐대실	163
속전속결	237
솔선수범	41
수수방관	141
수신제가	223
숙호충비	165
신출귀몰	143
심사숙고	173
십시일반	19

ㅇ

안빈낙도	113
양두구육	215
양약고구	11
오만방자	39
오비이락	127
외유내강	17
우왕좌왕	77
유구무언	191
유비무환	85
이열치열	101
일석이조	129
일촉즉발	105
임시방편	83

ㅈ

자승자박	93
자업자득	211
적반하장	107
전도유망	53
주객전도	171
중과부적	179

중구난방	45
지록위마	133
진수성찬	193

ㅊ

천려일실	65
천인공노	97
청천벽력	69
촉석봉정	175
춘하추동	81
칠전팔기	63

ㅍ

파렴치한	161
풍전등화	27

ㅎ

황당무계	205
후안무치	189
후회막급	225

초판 1쇄 인쇄 2024년 8월 12일
초판 1쇄 발행 2024년 8월 23일

발행인 심정섭
편집인 안예남
편집팀장 이주희
편집 정성호, 장영옥, 김정현, 도세희, 송유진
본문구성 박미진
제작 정승헌
브랜드마케팅 김지선, 하서빈
출판마케팅 홍성현, 김호현
디자인 DesignPlus

인쇄처 에스엠그린
발행처 (주)서울문화사
등록일 1988년 2월 16일
등록번호 제2-484
주소 서울시 용산구 새창로 221-19
전화 02-799-9196(편집), 02-791-0752(출판마케팅)

ISBN 979-11-6923-320-0
ISBN 979-11-6923-319-4(세트)

©Nintendo, Creatures, GAME FREAK, TV Tokyo, ShoPro, JR Kikaku. ©Pokémon.
포켓몬스터, 포켓몬, Pokémon은 Nintendo의 상표입니다.

※본 제품은 한국 내 독점적 저작권 관리자인 ㈜포켓몬코리아와의 정식계약에 의해 생산되므로 무단 복제 시 법의 처벌을 받게 됩니다. 한국 내에서만 판매 가능.
※잘못된 제품은 구입처에서 교환해 드립니다.